Johannes Fiebig

Auf der Suche nach dem Eingemachten

Der Stier in uns allen

KÖNIGSFURT

Originalausgabe
1. Auflage April 1990

Copyright © Königsfurt Verlag
Bürger & Fiebig
Königsfurt 6
D-2371 Klein Königsförde
am Nord-Ostsee-Kanal

Titelbild und Umschlaggestaltung:
Peter Weber, Wiebelskirchen

Abbildung der Tarot-Karten:
Rider Waite Tarot und Crowley Thoth Tarot-
Bezugsquellennachweis und Copyright
bei AG Müller, Neuhausen/Schweiz.
Ancien Tarot de Marseille-
Copyright bei Ets France Cartes – Grimaud, Paris.

Schreibarbeiten: Anke Senff, Mielkendorf bei Kiel

Gesamtherstellung: Clausen & Bosse, Leck
Printed in West Germany

ISBN 3-927808-02-4

Auf der Suche nach dem Eingemachten
Der Stier in uns allen

Diese neuartige Symbolkunde enthält die Aussagen von Astrologie, Tarot, Traumdeutung und Märchen über die Symbolgestalt des »Stiers«. Damit sind nicht nur diejenigen besonders angesprochen, die im Stier-Monat Geburtstag haben (21.4.–20.5.). In jeder und in jedem von uns steckt ein »Stier«: Eine Kraft wie ein Fels in der Brandung, mit der Gabe, die Erde umzugestalten und – bodenständig, sicher und aus dem »Bauch« heraus – die Früchte der Arbeit zu genießen.

- *Astrologie:* Die Kraft der Erde / Im Haus der Venus / »Alles neu macht der Mai« / Dem »Eingemachten« auf der Spur.
- *Tarot:* Praxis des Kartenlegens / »Einweihung« / »Die Herrscherin« / Das Geheimnis der »Münzen«.
- *Traumdeutung:* Fremde werden Freunde / Labyrinth-Träume / Von Sinnen sein / Träume als Botschaften.
- *Märchen:* Wiederentdeckte Gefühle / »Tischchen deck dich, Goldesel und Knüppel aus dem Sack« / Der Zauber in den Dingen.

Der Autor Johannes Fiebig, Jahrgang 1953, ist vielen Leserinnen und Lesern durch seine Tarot-Bücher und Vortragsreisen bekannt. Der Autor, seines Zeichens Widder, hat u. a. Traumdeutung studiert und über Märchen veröffentlicht. Er lebt in Klein Königsförde, Schleswig-Holstein.

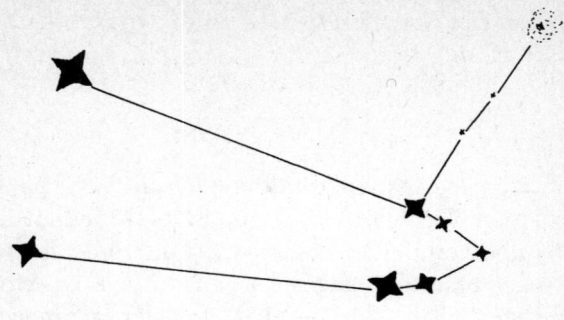

Sternbild Stier
(Taurus)

Inhalt

Für Evelin
und für Susanne

»Alles neu macht der Mai«
(Volksweisheit)

Symbole erfahren zum Ende des 20. Jahrhunderts eine neuartige Funktion. Symbole verweisen in unserer Zeit auf persönliche Chancen und Aufgaben. Sie stellen das individuelle Leben in einen größeren Zusammenhang. Symbole verkörpern in sich Frage und Antwort, Rätsel und Lösung. Sie sind ein Spiegelbild des Menschen, und um sich selbst und das Menschliche besser zu verstehen, wird heute von vielen Symbolkunde betrieben.

Der Zweck des vorliegenden Bandes der Reihe »Symbolsprachen« besteht in einer Einführung in die Symbolkunde sowie in einer Darstellung der vier wichtigen Symbolsprachen Astrologie, Tarot, Traumdeutung und Märchen. Der Schwerpunkt in diesem Buch liegt auf solchen Ergebnissen dieser Symbolsprachen, die mit dem Tierkreiszeichen Stier zusammenhängen: Was haben die Symbolsprachen dem Stier zu sagen? Welche Fragen stellen sich aus der Sicht des Stieres in den einzelnen Symbolsprachen?

 Eine Neuheit ist die gemeinsame Interpretation von Rider-, Crowley- und Marseiller Tarot in diesem Buch. Nützliche Hinweise zum praktischen Gebrauch der einzelnen Symbolsprachen runden die Darstellung ab.

Fels in der Brandung

Was Ihnen der Stier zu bieten hat

Der Stier in uns allen zeichnet sich durch das aus, was er *hat*. Er hat zum Beispiel Hunger, Vorbilder, Wut und Vorräte. Er sammelt und er genießt gerne. An dem, was er erfahren hat, kaut er lange und nicht nur einmal. Wenn er sich auf seine Art verhalten kann, ist er stark und unerschütterlich. Müde und hektisch wird er jedoch, wenn er sich in Aufgaben gestellt sieht, in denen er sich nicht selbständig bewegen darf. Er möchte für (möglichst) alles eine eigene Vorgehensweise besitzen. Das macht den Stier einesteils sicher und unabhängig, führt aber auch dazu, daß er vieles selbst in die Hand nehmen will und Mühe hat, abzugeben. Dadurch kann er umständlich und verlegen wirken, obwohl der Stier ausgesprochen lebenstüchtig ist.

Aus Gründen, die noch darzustellen sind, verabschiedet sich der Stier relativ früh aus seinem Elternhaus. Damit hängt es zusammen, daß er ein ambivalentes Verhältnis zur Kindheit einnimmt. Der Stier in uns allen neigt dazu, »kindische« Bedürfnisse entweder besonders energisch abzulehnen oder besonders nachhaltig fortzusetzen. Der Begriff des »Eingemachten« besitzt daher von vornherein eine doppelte Bedeutung. Er bezeichnet etwas »Weggepacktes«: Vergessenes, Verdrängtes oder Verlorenes. Und er meint etwas »Eingerahmtes«, etwas das festgehalten, ausgestellt oder konserviert wird wie eine Erinnerung in einem Fotoalbum.

Die Suche nach dem Eingemachten bedeutet die Suche nach früheren Erfahrungen, nach wichtigen Erinnerungen. Und diese Suche bedeutet auch, das persönliche Leben und die Erwartungen, die man für es hat, immer wieder neuzuentdecken und neuzubestimmen.

Das »Eingemachte« sind ferner die bekannten und die unbekannten Möglichkeiten, die in einer Angelegenheit *enthalten* sind. Es ist das Kleingedruckte, die Spuren, die sich *eingeprägt* haben, das Unbekannte sowie das Unvertraute am Altbekannten. Das Naschen, diese lustvolle und manchmal lästige Stier-Gewohnheit, gilt auch dem »Eingemachten«, was in diesem Falle das Einmachglas und den Vorratsschrank meint. Und nicht zuletzt betrifft die Redewendung »Jetzt geht es an's (oder um's) Eingemachte« häufig das Anbrechen von körperlichen oder finanziellen *Reserven*.

Jede/r von uns besitzt einen »Stier« in sich – eine Kraft wie ein Fels in der Brandung. Und wenn Sie auf diesem festen Grund Ihr Leben selbständig, sicher und genußvoll gestalten können, so bietet der Stier, dieser Fels, nur einen Nachteil: Man kommt besonders schwer an das Eingemachte heran. Da können Sie lange bohren. Oder sie finden den Zauber, der den »Sesam« öffnet.

Auf den folgenden knapp 150 Seiten stehen Ihnen vier Wege offen, sich dem Fels und dem Eingemachten zu nähern – zu Land (Tarot), zu Wasser (Traumdeutung), durch die Luft (Astrologie) und durch das Feuer (Märchen). Das Weitere ist dann Ihre Sache: Der fünfte Weg, die *Quintessenz*, die durch *Ihr* Engagement und *Ihr* Dazutun entsteht. Dabei ist »Quintessenz« auch wieder ein anderer Name für das Eingemachte, welches der Stier solange suchen muß, obwohl er es immer in sich trägt.

13

Einige Charakteristika des Stiers

Jahreszeit:	Frühlingsmitte.
	Das neue Leben ergreift den Raum
	und behauptet sich.
	Wurzeln schlagen.
	Frühlingsfeste.
	Walpurgisnacht. Maifeiern.
	Muttertag und Vatertag.
	Wonnemonat, Marienmonat,
	Dionysien.
Element:	Erde.
Spezialität:	Körperliche Empfindungen und
	praktische Ergebnisse.
Kennzeichen:	Früh selbständig.
Hobbys:	Sammeln, Trödeln, Arbeiten.
1. Beruf:	Die Erde umgestalten.
2. Beruf:	Ein eigenes Zentrum errichten.
Stärken:	Bedürfnisse achten.
	Notwendigkeiten verteidigen.
Schwächen:	Jammer und Wut.
Ängste:	Zu-kurz-kommen.
	Den Boden verlieren.
Wünsche:	Den Himmel berühren.
	Auf dem Boden bleiben.
Gefahr:	Auf Mitnahmeeffekt hoffen.
Lösungsweg:	Selber arbeiten und selber genießen.

Astrologische Definitionen
der Tierkreiszeichen

Widder:	Ich bin.
Stier:	*Ich habe.*
Zwillinge:	Ich denke.
Krebs:	Ich fühle.
Löwe:	Ich will.
Jungfrau:	Ich analysiere.
Waage:	Ich gleiche aus.
Skorpion:	Ich begehre.
Schütze:	Ich sehe.
Steinbock:	Ich nutze.
Wassermann:	Ich weiß.
Fische:	Ich glaube.

Das bringt der Stier den anderen:

Für den Widder Ausdauer und feste Ergebnisse.

Für die Zwillinge Selbstvertrauen und Gelassenheit.

Für den Krebs ein Bewußtsein der Zufriedenheit.

Für den Löwen Steigerung der Lebendigkeit.

Für die Jungfrau Romantik und zusätzliches Glück.

Für die Waage Entschiedenheit und Sinnlichkeit.

Für den Skorpion Gegengewicht und Unterstützung.

Für den Schützen sinnvolle Wahrnehmungen mit Hand und Fuß.

Für den Steinbock Nahrung und Fruchtbarkeit.

Für den Wassermann fundierte Grundlagen.

Für die Fische Sicherheit in der Welt.

Die Beziehungen zwischen dem Stier und den anderen Tierkreiszeichen

Das Gegenüber des Stiers ist der *Skorpion*. Zwischen zwei Zeichen, die sich gegenüberstehen, besteht ein Verhältnis von Gegensatz und Ergänzung, ein besonderes Spannungsverhältnis. Stier und Skorpion haben gemeinsam, daß das Verborgene für sie eine wesentliche Bedeutung einnimmt. Nur daß der Skorpion danach gräbt und forscht, während es beim Stier ständig aus dem Boden schießt wie die Maiglöckchen im Frühjahr. Für den Stier ist das Haben kennzeichnend, für den Skorpion das Gegenteil, das Begehren.

Bedeutungsvoll für den Stier sind *Krebs* und *Fische*. Die Beziehung zwischen dem erdigen Stier und den beiden Wasser-Zeichen ist nicht nur deshalb eng, weil diese jeweils im übernächsten Feld des Kreises liegen, was immer eine günstige Bedingung für die wechselseitige Einflußnahme zwischen den betreffenden Zeichen bedeutet. Zusätzlich gilt auch: Der Mond, der im Krebs herrscht, ist im Stier erhöht. Die Venus, die im Stier herrscht, hat in den Fischen ihre erhöhte Position. Und Neptun, der in den Fischen herrscht, steht wiederum im Krebs erhöht. – Diese Dreierkombination mit einem Geflecht der wechselseitigen Erhöhungen ist im astrologischen Kreis einmalig. Inhaltliche Bedeutung gewinnt diese Konstellation v.a. für die Interpretation von Venus und Mond, die im Stier besonders wirken. S. dazu S. 35–40.

Widder und *Zwillinge* sind die Nachbarn des Stiers. Benachbarte Zeichen sind sich einesteils sehr fremd, wenn man für den Tierkreis die Unterscheidung in die zwölf Abschnitte betont. Andererseits läßt sich derselbe Kreis auch als ein stufenloser Übergang von 0 Grad Widder bis 360 Grad Fische verstehen. Dann heißt dies, daß irgendwann Widder nahtlos in Stier und Stier wiederum in Zwillinge übergeht. Was das inhaltlich bedeutet, s. für den Widder S. 31 und für die Zwillinge S. 43.

Die Lebendigkeit des *Löwen* kann im Stier ihren Höhepunkt erreichen. Aber der Löwe ist für den Stier nur schwer zugänglich.

Die Einmaligkeit des Stiers findet wiederum im *Wassermann* höchste Bestätigung und größte Herausforderung.

Waage und *Schütze* sind über die sog. »Schicksalslinie« mit dem Stier verbunden; Waage und Stier darüber hinaus durch die Venus als gemeinsame Herrscherin. Zum letzteren, s. S. 33 ff. Die »Schicksalslinie« (Quincunx) gilt einem Teil der astrologischen Literatur als unbedeutend. Das beruht jedoch auf einem Mißverständnis. Der Inhalt der Schicksalslinie ist das *Unbekannte*. Waage und Schütze verkörpern für den Stier fremde Welten. Die Annäherung ist für den Stier spannungsreich, aber sehr lohnend.

Jungfrau und *Steinbock* teilen mit dem Stier das Element Erde. Darüber mehr im folgenden Kapitel »Die Kraft der Erde«.

Die Kraft der Erde

Astrologie für praktische Stier-
Menschen

Der Stier ist ein recht altes Tierkreiszeichen und zugleich ein Symbol, das bis auf den heutigen Tag überaus bedeutsam und lebendig geblieben ist. Er erinnert an die frühen Hochkulturen in Mesopotamien, in Ägypten, auf Kreta und anderswo, in denen Stiere als Kulttiere eine große Rolle spielten. Diese mythische Vergangenheit findet noch heute ihre Fortsetzung zum Beispiel in der Verehrung der »heiligen Kühe« oder im Ritual des Stierkampfes.

Gängigen Beschreibungen zufolge zeichnet sich der Stier-Typus durch folgende Eigenschaften aus:

- bedürfnisorientiert
- wertbewußt
- genießerisch
- stur
- geschäftstüchtig
- hilfsbereit
- grenzenziehend
- traditionsverbunden.

Diese Merkmale bekommen Hand und Fuß, wenn wir die astrologische Bedeutungsgeschichte betrachten. Drei Gegebenheiten sind dabei für den Stier besonders wichtig:

- Die Zugehörigkeit zum Element Erde
- Die Stellung nahe dem »Anfang« des Jahreskreises
- Die Einflüsse von Venus und Mond.

Erste Annäherungen...

Eine Grundlage der Astrologie stellen die vier Elemente Feuer, Wasser, Luft und Erde dar. Der Stier gehört zum Element Erde. Das bedeutet Bodenständigkeit, praktisches Vorgehen, einen realistischen Blick für sinnvolle Größenordnungen und für passende Ergebnisse. Das »Element Erde« kennzeichnet den Stier-Typus weiterhin durch einige merkwürdige Umstände, die manchmal als Schwerfälligkeit, dann wieder als gediegene Langsamkeit, als bedächtige Gründlichkeit oder auch als leidiges Wiederkäuen beschrieben werden. Irgendetwas irritiert und erstaunt am Verhalten des Stiers. Außenstehende mißverstehen es mitunter auch als Begriffsstutzigkeit oder als Hochnäsigkeit. Die Betroffenen selbst halten sich manchmal für schüchtern oder für schwierig, für besonders begnadet oder benachteiligt. Tatsächlich handelt es sich jedoch um etwas anderes, um etwas wirklich *Bemerkenswertes*, das auf den genannten Wegen und häufig nur *auf Umwegen in Erscheinung* tritt:

Der Stier braucht und besitzt für alles und jedes eine eigene Lebensart, eine persönliche Herangehensweise. Und wo er diese nicht hat, da sucht er nichts dringender. Der Stier (in jeder/m von uns) braucht einen Platz auf der Erde, von dem er sagen kann: Hier gehöre ich hin; hier ist es gut; hier habe ich alles, was ich brauche. Lieber läßt der Stier in uns sich *(fast)* jeden Vorwurf gefallen, lieber rackert er wie ein Ochse zur Erntezeit – als diesen seinen Anspruch und diese selbstgewisse Identität preiszugeben: Einen Raum zu schaffen und zu erhalten, in dem er mit Leib und Sinnen aufgehoben ist.

... an ein großes Geheimnis

Das Frappierende beim Stier, der in jeder/m von uns steckt, ist ... das Unerklärliche. Da steht man nachts im Schlaf auf und räumt den Kleiderschrank leer – und weiß nicht warum. Da findet man sich am Kühlschrank oder am Herd und futtert, was das Zeug hält. Oder man bekommt keinen Bissen hinunter, und schon der Gedanke an Essen ruft Würgreiz hervor. Und jedesmal schaltet sich das gewöhnliche Bewußtsein bzw. Erklärungsvermögen aus. Es kommt zu ungewöhnlichen, aber sehr vertrauten Situationen, die wie ein lähmendes Ausgeliefertsein oder wie ein befreiender Rausch empfunden werden. Es ereignen sich auch traumwandlerische Begebenheiten, von denen man bewußt gar nichts merkt, bis man durch äußere Anstöße aufgeweckt wird. Oder bei scheinbar nichtigen Anlässen bricht man in Tränen oder in einen Lachkoller aus. Man beobachtet andere Leute und kann einfach nicht begreifen, warum diese sich aufregen, abmühen, außer sich geraten oder bei allem so ruhig bleiben.

Astrologie heißt für den Stier zuallererst eine Begegnung mit den mannigfachen Erfahrungen von Fremdheit auf und in dieser Welt. Der Stier ist das Tierkreiszeichen, das am stärksten und am nachhaltigsten gerade *die Erde als einen fremden Stern* erlebt. Daher rühren die erwähnten Irritationen und Verwunderungen im Stier-Verhalten. Sternkunde und Sterndeutung stellen deshalb für den Stier in uns von Anfang an *auch* einen Spiegel, einen notwendigen oder sinnvollen Umweg dar, um den eigenen Planeten besser verstehen zu lernen: Den Planeten Erde, unsere gemeinsame Heimat, und den Planeten Individualität, das unteilbar eigene Zuhause.

Bedeutungen des Elements Erde

Außer dem Stier zählen auch Jungfrau und Steinbock zum Element Erde. Aus zwei Gründen muß sich aber der Stier-Typus in besonderem Maße mit den Bedeutungen des Elements Erde befassen: Im astrologischen Jahreskreis ist er das erste Zeichen, das dieses Element verkörpert. Und der Stier ist das sogenannte »fixe«, das feste und festigende Zeichen im Bereich der Erde. *Der Stier hat sich deshalb besonders früh und besonders gründlich mit seinem Element auseinanderzusetzen.*

Verschaffen wir uns dazu einen Überblick. Innerhalb eines jeden Elements gibt es drei unterschiedliche »Härtegrade«:

● *Ein kardinales oder beginnendes Zeichen.*
Bei diesem geht es um die Beweggründe und die ursächlichen Widersprüche des betreffenden Elements. Wie in einem Keim ist hier alles enthalten, d. h. besonders dicht und direkt, zum Teil sehr feingliedrig, zum Teil noch wenig differenziert. Hier werden Grundsätze und Leitmotive ausgebildet.

Im Bereich der Erde ist der *Steinbock* das kardinale Zeichen.

● *Ein mittleres oder festes, festigendes Zeichen.*
Das sogenannte »fixe« Zeichen betrifft die Mitte, die Verbindungslinien, die Zusammenhänge des betreffenden Elements. Wie in einem blühenden Gewächs ist hier alles enthalten. Die Anlagen und Entwicklungslinien sind sichtbar, ausgewachsen, wenn auch noch nicht unbedingt ausgereift. Hier werden Muster und Komplexe ausgebildet.

Für das Element Erde ist der *Stier* das fixe Zeichen.

- *Ein schließendes, veränderliches oder schlußfolgerndes Zeichen.*

Hierbei geht es um die Konsequenzen, die Extreme und die Zuspitzungen des betreffenden Elements. Wie in einer reifen Frucht ist hier alles enthalten. Stärken und Schwächen des Elements sind deutlich zu unterscheiden, gehen hier jedoch auch am ehesten einen faulen Kompromiß ein. Hier werden Horizonte und Glaubenssätze ausgebildet.

Die *Jungfrau* ist das variable Zeichen des Elements Erde.

Anzumerken bleib, daß die drei Stufen oder Phasen eines Elements in der Wertigkeit oder unter den Gesichtspunkten von Vor- und Nachteilen einander gleich sind. (Wie auch die zwölf Tierkreiszeichen: Sie unterscheiden sich in ihren Inhalten, Bedeutungen und Botschaften. Aber keines der zwölf Zeichen ist besser oder schlechter als ein anderes.)

Was nun das Element Erde im direkten und im übertragenen Sinne bedeuten kann, ist der Übersicht auf Seite 26/27 zu entnehmen. Dabei ist festzustellen, daß die Bedeutungen des einen Elements umso klarer werden, wenn man sie in den Zusammenhang mit den anderen drei Elementen stellt und diese miteinander vergleicht. (Achten Sie einmal auf diese Feststellung: Sich einen Überblick über einen größeren Zusammenhang zu verschaffen, um dadurch zum Eigenen vorzustoßen, das erleichtert dem Stier jede Art von Aufgabe; aber dieses Vorgehen fällt ihm schwer.)

Die Vorstellung von den *vier Elementen* hat auf das abendländische Denken – weit über das Gebiet der Astrologie hinaus – einen prägenden Einfluß gehabt.

Wir treffen sie wieder in den vier Jahreszeiten, den vier Himmelsrichtungen, den vier Temperamenten u.v.a.m. Teilweise haben die vier Elemente universelle Bedeutung erlangt, wie im Kreuzzeichen oder dem mathematischen Koordinatensystem. Auf psychologischem Gebiet liegt den vier Elementen die Vorstellung zugrunde, daß die Kenntnis der vier Elemente notwendig und hinreichend ist, um Verhaltens- und Charaktertypen zu bestimmen. Die vier Elemente sind einer Windrose vergleichbar. Sie erlauben es, Merkmale der seelischen Landkarte zu bestimmen

Wie kommt es jedoch dazu, daß der Stier-Typus sich auf der Erde mehr als andere Zeichen als fremd erfährt, während gleichzeitig die »Erde« sein zugehöriges Element darstellt, dem er doch ganz und gar verhaftet ist? Nun, diese Frage ist dem Stier eine lange Zeit selbst sehr schleierhaft. Seine widersprüchliche Bekanntschaft mit der »Erde« ist gerade die Basis für viele große und kleine Unerklärlichkeiten, die sein Leben bestimmen.

Sehnsucht nach Wachstum

Für den Stier zählen Ergebnisse, Fakten und Produkte. Gedanken (Luft), Gefühle (Wasser) und Taten (Feuer) spielen eine (zunächst) untergeordnete Rolle. Das hat der Stier mit den anderen beiden Erdzeichen Jungfrau und Steinbock gemeinsam. Er erfährt dies jedoch besonders gründlich und besonders früh. Je jünger nun ein Mensch ist, desto weniger findet er solche Fakten und Produkte vor, die er oder sie selbst geschaffen hat. Er oder sie sieht Ergebnisse vor sich, die nicht die eigene

25

Die vier Elemente

Feuer

bedeutet Lebensfeuer, Lebensenergie, Begeisterung und Lebendigkeit. In der Natur sind es vor allem die Sonne, Feuer aller Art und Blitze, die in ihren verschiedenen Erscheinungs- und Wirkungsformen die Kraft des Elements Feuer zur Geltung bringen. Im menschlichen Verhalten verleihen besonders die *Daseinsfreude*, der *Wille* und die *Intuition* der Feuerkraft Ausdruck.

Weitere Merkmale des Elements Feuer: Lebenslust und Leidenschaft, Zeugungs-, Schaffens- und Gestaltungskraft, Einsatzbereitschaft und Macht, Durchsetzungsvermögen. Charakteristisch für das Element Feuer sind Entschlüsse und Taten. Schwierige Situationen (»Feuerproben«) werden gemeistert, indem man etwas tut: *»Es muß etwas geschehen.«*

Zum Element Feuer gehören die Tierkreiszeichen Widder, Löwe und Schütze.

Wasser

bedeutet Lebenselixier, Lebensfülle, Seele und Seligkeiten. In der Natur bringen der Mond sowie Gewässer jeder Art die Kraft des Elements Wasser zum Ausdruck. Im menschlichen Verhalten sind es vor allem das *Gefühlsleben* und die *persönlichen Bedürfnisse*.

Weitere Merkmale des Elements Wasser sind Mitgefühl, Eingebung, Träume, Stimmungen und das Unbewußte. Charakteristisch für das Element Wasser sind Offenheit und Hinnahme. Schwierige Situationen (»sich freischwimmen müssen«) werden gemeistert, indem man die Gefühle prüft: *»Auf die richtige Einstellung kommt es an.«*

Zum Element Wasser gehören die Tierkreiszeichen Krebs, Skorpion und Fische.

Luft

bedeutet menschliche Atmosphäre, Lebensgeister, geistige Energie und Gedankenwelt. In der Natur sind es der Luftraum und die Erdatmosphäre und im übrigen die Sterne (die durch die irdischen Luftschichten erst für uns funkeln), die die Kraft des Elements Luft in seinen verschiedenen Formen zur Geltung bringen. Im menschlichen Verhalten sind es besonders *Denken*, *Wissen* und *Vorstellungskraft*, Bewußtsein und Intelligenz, die dem Element Luft entsprechen.

Weitere Merkmale des Elements Luft: Geistesgegenwart und Gedankenkraft, Begriffe, Werte, Beurteilungen, ästhetische Maßstäbe und Mitteilungskünste. Charakteristisch für das Element Luft: Erkenntnisse und Entscheidungen. Schwierige Situationen (»harte Nüsse«) werden gemeistert, indem man die erforderlichen Lernprozesse bewältigt: »*Jetzt ist es klar.*«

Zum Element Luft gehören die Tierkreiszeichen Zwillinge, Waage und Wassermann.

Erde

bedeutet Materie, Stoff, körperliches Leben und Lebenszyklen, insgesamt die materiellen Lebensverhältnisse. In der Natur ist selbstredend die Erde, auf der und von der wir alle leben, Inbegriff der Erdkräfte. Gemeint ist dabei sowohl die Erdkugel als Ganzes wie auch die Erde im Sinne von »Muttererde«, Lehm, Sand, Stein usw. Im menschlichen Verhalten drücken sich die Kräfte des Elements Erde vor allem in *körperlichen Empfindungen*, *Wahrnehmungen* und *Ahnungen* aus.

Weitere Merkmale des Elements Erde: Praktische Fähigkeiten, angewandte Talente, genutzte Chancen. Lebensunterhalt, Lebenserhaltung, Betroffenheit, Fruchtbarkeit, Wachstumskräfte und Natürlichkeit. Charakteristisch für das Element Erde sind Produkte – Ergebnisse, Fakten und Definitionen. Schwierige Situationen (»Belastungstests«) werden gemeistert, indem man für etwas eine feste Form schafft: »*So kann es bleiben; so soll es jetzt sein.*«

Zum Element Erde gehören die Tierkreiszeichen Stier, Jungfrau und Steinbock.

Handschrift tragen und die nicht die persönliche Identität widerspiegeln. Die Erfahrung der eigenen Person ist solange vornehmlich auf die körperlichen Empfindungen, die unmittelbaren Wahrnehmungen und Ahnungen konzentriert, die gleichfalls zum Element Erde gehören. Der Stier übt sich früh und gründlich darin, auf seine Empfindungen und Ahnungen zu achten. Zugleich entwickelt er einen erheblichen Bildungshunger. Nicht um schulischer Lorbeeren willen, sondern um möglichst rasch auf eigenen Füßen stehen und eigene praktische Resultate erzielen zu können. Relativ früh und gründlich machen sich »Stiere« selbständig. Im Alter von 14, 15 Jahren verlassen nicht wenige von ihnen ihr Elternhaus, um für sich selbst zu sorgen.

Während andere Tierkreiszeichen sich vor dem Wachsen scheuen und dem Erwachsenwerden vielleicht sogar ausweichen möchten, haben die meisten Stiere andere Probleme. Sie sehnen im Gegenteil den Tag herbei, an dem sie »groß« sind und selbst Geld, eine Partnerin oder einen Partner sowie einen Haushalt ihr Eigen nennen.

Frühe Selbständigkeit

Daß das Alter von 14, 15 Jahren einen wichtigen Einschnitt in der Entwicklung eines »Stiers« markiert, wird von Astrolog(inn)en damit erklärt, daß jedes Tierkreiszeichen nicht nur jährlich über einen bestimmten Monat (beim Stier eben vornehmlich über den Mai), sondern auch über einen Zeitabschnitt in jedem Menschenleben von etwa sieben Jahren herrscht. Es sei ausdrücklich darauf hingewiesen, daß diese Auffassung nicht ungeteilte astrologische Lehrmeinung ist, so daß man diese Erklärung mehr als andere Aussagen der Astrologie für sich selbst überprüfen muß.

Demnach rechnen zu einem Tierkreiszeichen folgende Lebensjahre:

Widder	Geburt – 7 Jahre
Stier	8 – 14 Jahre
Zwillinge	15 – 21 Jahre
Krebs	22 – 28 Jahre
Löwe	29 – 35 Jahre
Jungfrau	36 – 42 Jahre
Waage	43 – 49 Jahre
Skorpion	50 – 56 Jahre
Schütze	57 – 63 Jahre
Steinbock	64 – 70 Jahre
Wassermann	71 – 77 Jahre
Fische	78 – 84 Jahre
Widder usw.	

Für den Stier ist demnach die Schulzeit ein charakteristischer Lebensabschnitt, vom Schulbeginn mit 6 oder 7 Jahren bis zum Ende von Kindheit und von früher Jugend mit 14 oder 15 Jahren. Der Beginn der Berufsausbildung (und im christlichen Glaubensleben die Konfirmation bzw. die Firmung) bedeutet den Abschluß der Stierjahre.

Diese Konstellation schafft vorteilhafte Bedingungen, die u. a. in einer zuverlässigen Selbständigkeit, in einem praxisbezogenen Lerneifer und in einem vitalen Wachstumsdrang bestehen. Gefahren ergeben sich aber daraus, daß der Stier in seinem Bestreben, rasch groß und »vollwertig« zu werden, sich beeilt, seine Kinderschuhe abzustreifen. Die Kleinkindjahre werden eigenhändig, mit großer Vehemenz und mit einer gleichsam urwüchsigen Rigorosität weggepackt und *eingemacht*. Je ungebrochener der Stier seine Natur verwirklicht, umso rascher läßt er die frühkindlichen Zeiten der Unselbständigkeit und des existentiellen Ausgeliefertseins hinter sich. Desto mehr neigt er aber auch dazu, »das Kind mit dem Bade auszuschütten« und seine Bedürfnisse nach existentieller Geborgenheit, nach wirklicher Wärme und Verwöhnung zu verdrängen, d. h. in sich zu verschließen.

Das Streben nach baldiger Selbständigkeit birgt die Gefahren einer verkürzten Reifezeit und einer vorschnellen Selbstgenügsamkeit. Die Vorstellungen vom Erwachsensein entwickeln sich beim Stier sehr stark in einem Alter, in dem er ungewöhnlich selbständig, aber dennoch sehr jung ist. Die Erwartungen für die reiferen Erwachsenenjahre – einschließlich einer persönlichen *Vollendung*, welche über die Ideale der Jugend hinausgeht – bleiben unbekannt oder im Innern unausgesprochen.

Alles neu macht der Mai

Verborgenes sichtbar zu machen, ist jedoch *die* große Herausforderung für den Stier. Das fällt ihm nicht nur leicht. Denn er hält sich lieber an das Vorhandene und an das Offensichtliche. Aber zu dem, was *offensichtlich da* ist, zählen auch seine Bedürfnisse und so sein Streben, sich (möglichst umfassend) Lebensbedingungen zu schaffen, in denen er nach eigener Façon leben kann. Diese Lebensumstände aber ruhen einstweilen noch im

Verborgenen. Wenn er seine Fremdheit auf der Erde aufheben will, muß der Stier vergessene Sachverhalte freilegen und/oder bislang unbekannte Realitäten zum Vorschein bringen – um endlich solche Fakten und Produkte auf dieser Welt vorzufinden, in denen er sich wiedererkennen kann. Der Stier ist *der* Produzent oder *die* Produzentin in uns allen. Jeder herstellerische und geschäftsmäßige Erfolg ist auf den »inneren Stier« angewiesen. Produzieren heißt vom Wort her: hervorbringen, vorführen, zum Vorschein bringen.

Die Neuerungen, die der Stier ins Leben ruft, können mit sanfter Machtanwendung, aber auch mit erheblichen Umwälzungen verbunden sein.

Der Stier hat vom vorausgehenden Widder den persönlichen Willen, die Fähigkeit und die Aufgabe, sich zu regieren, ererbt. Treibendes Motiv für das Handeln des Widders aber sind seine existentiellen Triebe, sein Antrieb, die persönliche Identität zu leben. Die wesentlichen Merkmale des folgenden Stiers, in denen auch unterschiedliche astrologische Schulen übereinstimmen, nämlich Errichtung und Ausbau eines Zentrums, Wachstum, Schulung, Sinnlichkeit, Genuß, Erdenschwere und Grenzziehung – diese Charakteristika des Stiers lassen sich auf den gemeinsamen Nenner bringen, daß der Stier die Trieb-Impulse vom Widder aufnimmt, die er nun seinerseits abgrenzt, einfaßt und nutzt. Dadurch entsteht in seinem Innern ein gewichtiges Zentrum, ein stabiler Kern, innerhalb dessen »es« weiterhin schön brodelt und kocht. Im Idealfall baut der Stier sich auch in seinem äußeren Leben eine »Burg«, in der es sich vital und bunt tummelt. Weil der Stier dies jedoch zunächst unbewußt, ohne Selbst-Bewußtsein ererbt und weil sich die Nachbarzeichen, hier Widder

31

und Stier, in vielerlei Punkten auch fremd sind, ist für den Stier sein eigenes Zentrum das größte *Lebensrätsel*, bis er zu sich kommt und in einer Umwelt, die er mitprägt, sich wiederfindet.

Der Stier sieht sich oftmals um seinen Platz in der Welt betrogen und versteht erst später, daß eine große Chance darin liegt, sich dieser Welt wie einem fremden Kosmos zu nähern. Denn so kann er die Erde mitsamt ihren Bewohnern ausführlich untersuchen und jene Erfahrungen sammeln, die er für seinen Lebensweg und für sein *Werk* in der Welt benötigt. Aber, wie gesagt, diese Einsicht kommt meist erst im nachhinein. Das gilt für den Stier ein Leben lang: Er verspürt Kräfte in und um sich, die er oft erst später benennen und gar verstehen kann.

Solange der Stier dies alles wenig kennt, produziert er nicht selten ein großes *Jammern* und/oder eine kräftige *Wut*. Die frühe Selbständigkeit und die zeitige Verabschiedung der Eltern, die ganz typisch den Stier in uns kennzeichnen, werden lange, lange nicht als Voraussetzung und Ergebnis eines eigenen Lebenswegs begriffen, sondern vielmehr als Opfergeschichte und aus einer Protesteinstellung heraus erlebt.

»Alles neu macht der Mai« bedeutet daher für den Stier nicht nur eine Verheißung heiterer Frühlingswonnen. Der Neuerungswille ist vom Stier aus gesehen auch eine Drohung – gegen die, welche die fälligen Umgestaltungen nicht wollen. Und für ihn selbst ist dies eine Ankündigung von entsetzlich viel Arbeit: *Alles* neu!

Im Haus der Venus

Venus ist die »Herrscherin« des Stiers. Sie symbolisiert die Macht der Liebe und der Schönheit. Venus ist die altrömische Darstellung der Aphrodite aus der griechischen Götterwelt. Die Bedeutungen von Venus und Aphrodite stimmen, nach allgemeinem Urteil, miteinander überein. Beide sind identische Patinnen der astrologischen Venus. Von Aphrodite berichten die Erzählungen, sie habe einen magischen Liebesgürtel besessen, dessen Reiz und Verlockung sie unwiderstehlich machten. Auch den heutigen Stier-Menschen sagt man eine starke körperliche Anziehungskraft nach. Denn kein anderes Zeichen ist körperlich so präsent wie der Stier. Körperbewußtsein, Körpertraining und Körperpflege legen im Alltag Zeugnis davon ab, wie man es mit dem Stier bei sich hält. Stärker als andere Zeichen stellen sich Stiere *körperlich* auf Menschen und Ereignisse ein. Sie besitzen die Gabe eines ausgeprägten Mitempfindens, und Sympathie sowie Antipathie schlagen sich – oft ohne daß ihnen dies bewußt wird – direkt in ihrem körperlichen Befinden nieder.

Aphrodite, die griechische Venus, führt ein reiches, weitläufiges Liebesleben. Hermes, Dionysos und viele andere teilen mit ihr das Lager. Aphrodite gebärt zahlreiche Kinder, u. a. Rhodos, Priapos und Äneas. Meist geht es der griechischen Mythenerzählung dabei um eine personifizierende, ausschmückende Erklärung von Naturabläufen. Zum Beispiel streitet sich Aphrodite mit Persephone, der Göttin der Unterwelt (der inneren Kraft und des Wachstums der Erde) um den Jüngling Adonis. Ein Gericht entscheidet, daß für den Adonis das Jahr in drei gleiche Teile geteilt wird, wovon er den einen mit Persephone, den anderen mit Aphrodite und den dritten allein verbringen solle. Diese Lösung des Streitfalls stellt zugleich eine fantasievolle Erklärung für die Entstehung der drei Jahreszeiten dar, welche das Altertum kannte.

Für heutige symbolische Zusammenhänge ist interessant, daß Aphrodite mit Hephaistos, dem Schmiedegott, verheiratet ist. Mit ihm hat sie drei Kinder, u. a. eines mit dem Namen Harmonia (»Harmonie«). Vater dieser Kinder aber ist Ares, das ist lateinisch Mars, der Kriegs- und Frühlingsgott. Der antike Mythos stellt also heraus, daß *Harmonie* eine Folge der Vereinigung von Venus und Mars ist. Die Himmelsschmiede des Hephaistos ist viel später, von den Alchimisten des ausgehenden Mittelalters, als ein Symbol der Wandlung und Verwandlung aufgegriffen worden. (Manche Märchen berichten ebenfalls in der gleichen Bedeutung von einer Schmiede.) Aphrodite, die Kraft der Liebe und der Schönheit, steht damit aus heutiger Sicht mit der Macht der Umformung und Neugestaltung in Verbindung.

Aphrodite heißt wörtlich »die Schaumgeborene«. Sie erhob sich nackt aus dem Schaum des Meeres, so erzählt der Mythos, und ritt auf einer Muschelschale ans Ufer. Diese Geschichte stellt u. a. eine Neufassung der Schöpfungsgeschichte dar, wie sie die Pelasger, Ureinwohner in Teilen Griechenlands, erzählt haben. In allem Anfang war, so sagten die Pelasger, Eurynome, die Göttin aller Dinge; sie erhob sich nackt aus dem Chaos. Die Geburt der Aphrodite aus dem Meerschaum stellt u. a. eine Wiederholung der Geburt der Urgöttin dar. Indem sie im Meer baden geht, kann Aphrodite auch später ihre Unschuld erneuern. Aphrodite/Venus bedeutet eine Wiedergeburt der Erde.

Diese erneuernde und umgestaltende Macht der Venus/Aphrodite stellt sich auch in ihrem Symbol dar:

Dieses Venuszeichen ist zugleich auch das Frauenzeichen. Der Kreis bedeutet nach astrologischer Überlieferung »Geist« und das Kreuz »Körper« und »Materie«. *Das Venuszeichen drückt in sich die Vereinigung von Geist und Körper bzw. von Geist und Materie aus.* Anders gesagt, symbolisiert die Venus die Verbindung von Sinnen und Sinn. Das äußert sich auch darin, daß sie sowohl im erdigen Stier wie in der luftigen (= geistigen) Waage »regiert«.

Damit lüftet sich das Geheimnis des magischen Gürtels der Aphrodite. Der Gürtel zeigt an, wo die Zauberkraft der Liebe und der Schönheit ihren Platz hat: Im Unterleib, in den Hüften und im Bauch. Das ist nicht bloß unmittelbar-sexuell zu verstehen (genauso wie das Stier-Motto »Liebe geht durch den Magen« nicht allein auf Essen und Trinken bezogen ist). Der Unterleib gilt als körperlicher Ausdruck der Verbindung von Bewußtem und Ungewußtem. Der Gürtel der Aphrodite markiert die Nahtstelle von *unbewußten* Trieben und Bedürfnissen und *bewußten* Haltungen und Einstellungen. Daß beide Seiten zusammenkommen, macht die Liebe der Venus/Aphrodite so schön, gibt der Sexualität und den anderen Genüssen des Körpers und des Geistes ihre zugleich harmonisierende wie verwandelnde Kraft. Lebenskunst, Anziehungskraft, Lust und Aufgabenstellung der Venus äußern sich darin, daß *die Sinne* und *der Sinn* sich berühren. Sinnlichkeit und Sinnhaftigkeit treffen zusammen, so daß die Sinne als sinnvoll verstanden und der Sinn als prüfbare Erfahrung erlebt werden wollen.

Wenn diese Verbindung im Alltag Wirklichkeit wird, bewirkt und erfordert sie enorme Veränderungen der Lebensqualität und der Lebensstile. Die Frauenbewegung der vergangenen Jahre und Jahrzehnte ist ein Zeichen dafür, daß solche Umwälzungen in Gange sind. In jeder und in jedem von uns steckt eine Venus. Frau und Mann müssen sie nur – zum Vorschein kommen lassen.

Innerhalb der Astrologie hat dieses Interesse aber noch wenig Resonanz gefunden. Viele der vorliegenden Beschreibungen der Venus und ihrer Bedeutung für und durch den Stier sind dafür ein Beispiel. Die Venus wird zwar nicht gerade den drei K – Kinder, Küche, Kirche – zugeordnet. Eher im Gegenteil: Als holde Schönheit und verlockende Verführung wird sie quasi für verliebte Affären reserviert, im übrigen aber zur praktischen Bedeutungslosigkeit verurteilt. Im künstlerischen Bereich sowie in Erziehungsberufen wird der Venus noch öfters eine Chance eingeräumt. In diesen Teilbereichen könnten sich noch am ehesten Geist und Form, Sinn und Sinne zusammen verwirklichen. Eine Venus im Alltag aber ist eine Seltenheit in der astrologischen Literatur. Es kommt eher zu unbefriedigenden Lösungsvorschlägen, die dem Stier in uns allen raten wollen, damit zu leben, daß eine gewisse geistige oder spirituelle Borniertheit, Zerrissenheit oder Einseitigkeit nun einmal der Preis für die Gabe der Sinnlichkeit und des

Mitempfindens und für das große Geschick in praktischen Dingen seien. Aber warum denn?

Der Wunsch nach Verbindung von Körper und Geist (z. B. von dem, was man *sieht*, und dem, was man *einsieht*), der Wunsch nach Erfüllung der materiellen *und* geistigen Bedürfnisse, die für unser Leben gegeben sind, hat in den letzten mehr als zwanzig Jahren die Suche nach veränderten Lebensformen, nach persönlicher Identität, nach einer zeitgemäßen Spiritualität und nach einem neuen Wissen hervorgebracht, und als Teil dieser Entwicklung hat sich überhaupt das derzeitige, neuartige Interesse an der Astrologie als Symbolsprache herausgebildet.

Dem »Eingemachten« auf der Spur

Das (neue) Interesse an der Astrologie hat viele Gründe. Denn die Sterndeutung besitzt selbst eine Vielzahl von symbolischen Bedeutungen. Grundsätzlich stellt die Astrologie auf eine »Charakteranalyse« und auf ein besonderes Zeitbewußtsein (auf »die Qualität der Zeit«) ab. Der Blick zu den Sternen kann zugleich mit der Suche nach dem inneren »Stern« in Verbindung stehen und daher eine Suche nach Brillanz und Klarheit, nach persönlichen Leitwerten und deutlicher Orientierung signalisieren. Die Beschäftigung anhand des Horoskopes mit der Geburtsstunde drückt sehr oft *auch* den Wunsch nach einer Neugeburt in einer bestimmten Frage, nach einem Neuanfang aus. Seit alters besitzt die *Betrachtung* des Himmelszeltes eine religiöse Bedeutung, die ebenfalls in die aktuelle Astrologie hineinspielt. Gleichzeitig gilt auch der Satz: »Des Menschen

Wille ist sein Himmelreich«. Die Astrologie ist ein Mittel, den persönlichen Willen zu studieren. Man holt ihn gleichsam aus sich heraus, projiziert ihn auf das weite Firmament und gelangt über die Symbolik der astrologischen Zeichen zu den vielfältigen Aspekten des persönlichen Willens und der Triebkräfte sowie Mangellagen, die dahinter stehen.

Damit sind die symbolischen Bedeutungen, die die Symbolsprache Astrologie ihrerseits besitzt, nur angezeigt, nicht ausgeschöpft. Für den Stier-Typus wird ein weiterer Aspekt der Astrologie besonders wichtig, der auf die Entstehungsgeschichte der Astrologie zurückverweist. Die astrologischen Vorstellungen und Erfahrungssysteme haben ihren Ursprung im *Stierzeitalter*, das etwa für die Zeitspanne 4300 – 2200 v. Chr. angesetzt wird. Aus diesem Zeitraum sind die sumerischen und babylonischen Quellen erhalten, die die Grundlage der uns bekannten Sternenkunde darstellen.

Was heute dem Stier-Typus diese Vorgeschichte so interessant macht, ist der Umstand, daß damals Sternkunde und Sterndeutung (Astronomie und Astrologie) sich noch nicht getrennt hatten, sondern *als eins* existiert. Es waren archaische Gesellschaften, die zu jener Zeit damit begonnen hatten, Ereignisse und Erfahrungen des Sternenhimmels zu benennen und anzuwenden. Obwohl seitdem mehr als viertausend Jahre vergangen sind und obwohl diese Frühformen menschlicher Kultur kein Vorbild für unsere Zeit abgeben können, hat dennoch jener historische Raum etwas besonders Faszinierendes für den Stier-Typus – durch die *Einheit* von Wort und Sinn, Zeichen und Bedeutung, Wissen und Empfindung usw., für welche die einheitliche Sternenkunde jener Zeit nur ein schönes Beispiel abgibt.

Der Stier verkörpert in sich ebenfalls ein Zweifaches als Eines: Er symbolisiert die Verwurzelung auf der Erde – praktisch, materiell und handgreiflich. Gleichzeitig stellen Stierhörner seit alten Zeiten auch die Mondsichel dar, und Mond bedeutet astrologisch Seelenleben und Gefühl. Materielles und Seelisches kommen daher im Stier in gleicher Weise zum Ausdruck. Im Stier-Symbol ist ebenfalls der Mond enthalten:

Der Geist (Kreis) trägt den Mond (Sichel). Das Symbol zeigt auch: Der Mond ist im Stier *erhöht.* »Erhöhung« ist ein astrologischer Begriff wie die »Herrschaft«. Jeder »Planet« (dazu zählen in der Astrologie halt auch Sonne und Mond) ist zunächst in einem Tierkreiszeichen zuhause, die Venus etwa im Stier. An diesem Platz »herrscht« der betreffende Planet. Dort entfaltet er seine normalen, charakteristischen Eigenschaften. Dann besitzt jeder Planet ein zweites Tierkreiszeichen, in dem er »erhöht« steht. In dieser erhöhten Position wirkt der betreffende Planet besonders mächtig, aber auch verwandelt.

Der Mond, der im Stier erhöht ist, »herrscht« zunächst im Zeichen des Krebses. Dort entfaltet er seine normalen, charakteristischen Eigenschaften als Sinnbild für die Seele, das Gefühlsleben und das Unbewußte. In diesem seinen Zeichen Krebs bleibt der Mond auch weiterhin zuhause. Nun ist jedoch der Mond auch ein sichtbares Zeichen für die unsichtbare, aber spürbare Energie der Erde. Der »Magnetismus«, die Schwerkraft der Erde kommt an ihm zum Vorschein. Zugleich regelt der Mond die Gezeiten, und auf mannigfache Art lassen sich Entwicklungs- und Wachstumszyklen auf und in der Erde am Phasenverlauf des Mondes ablesen.

Der Mond symbolisiert demnach auch weiterhin Gefühls- und Seelenleben. Die erhöhte Stellung im Stier bringt jedoch zum Ausdruck, daß Gefühle, Stimmungen, »moods« (Launen) und unbewußte Regungen sich eben beim erdigen Stier besonders mächtig auswirken. Die Eigenschaften des astrologischen Mondes sind dabei verwandelt, weil im Stier nicht so sehr das »reine« Gefühl, das Sentimentale und das Subjektive im Vordergrund stehen (wie beim Mond im Krebs), sondern vielmehr eine Anerkennung der lebendigen Wachstumskräfte der Erde mit all ihren spürbaren, wenn auch oft unsichtbaren Energien und mit all ihren Wechselfällen.

Je mehr der Stier-Mensch mit *beiden* Beinen auf dem Boden der Tatsachen steht, spürt er mit jeder Faser diese verschiedenen Seiten der Erdkräfte, die sich im Symbol des Mondes verkörpern: Das Grobe und das Feine, Masse und Energie, Schwerkraft und Spannungsverhältnisse oder, anders gesagt, Gefühl und Härte seiner Existenz.

»Es bewegt sich doch!«

Im wahrsten Sinne des Wortes *steht und fällt* der Stier damit, was wir als »Erde«, »Stoff« und »Materie« verspüren und verstehen. Unser Verständnis davon, was »Materie« bedeutet, hat sich in den letzten knapp hundert Jahren erheblich gewandelt, und die Veränderungen halten an. Es ist klar, daß die *Venus* ganz andere Chancen auf Verwirklichung ihrer Harmonie von Geist und Form, von Sinn und Sinnen erhält, wenn man weiß, daß »grobstoffliche« Materie (Masse) unter gewissen Voraussetzungen ein Äquivalent, ein gleichwertiger Ausdrück für »feinstoffliche« Energien und Bewegungsmuster darstellt. Der »Geist« braucht nicht mehr im Unerfindlichen gesucht zu werden. Er ist in der »Materie« bereits enthalten.

Der »Geist in der Flasche« und der »Sesam öffne dich« sind nur zwei Beispiele für ungezählte Formen, in denen seit langem davon die Rede war: Da steckt eine Kraft in der Erde bzw. in den Dingen, die ist unheimlich und mächtig. Man muß die richtigen Worte finden, um diese Kräfte nennen, nutzen oder bannen zu können. Neu ist heute, daß diese *Begegnung mit dem Eingemachten* nicht allein in der Fantasie oder in der Glaubenserfahrung sich vollzieht, sondern ebenfalls in der »harten Realität«.

Harte Tatsachen werden weich wie Butter, wenn die Perspektive auf sie sich ändert. Mit der Blickrichtung und mit dem (genauen) Schauen hat es für den Stier eine besondere Bewandnis. Nicht zufällig steht er Pate für den »stierenden« Blick. Doch dazu später.

Wir erleben heute, daß wir den Ausruf Galileis »Und sie bewegt sich doch« (nämlich die Erde) erst zur Hälfte verstanden haben. Die große Wende zur Neuzeit beinhaltete nicht nur die Erkenntnis, daß die Erde sich um die Sonne dreht, sondern auch die, daß *in und auf* der Erde »Es« sich bewegt! Diese feinen Bewegungen, die in der Materie immer vorhanden sind, kennen wir heute durch die Atomphysik und anderes. Die Konsequenzen für unser tägliches Weltbild müssen wir noch ziehen.

»Es ist ein Universum auch im Innern«, wie Goethe sagte. Wir finden ein Universum im Innern der Erde – und im Innern des Menschen. Wir erfahren seit einem Jahrhundert die enorme Relativierung fester Werte und früherer Eindeutigkeiten. Je mehr dieser Prozeß fortschreitet, desto klarer kristallisieren sich zwei (relative) Fixpunkte heraus: Der erste ist die Sonne, um die sich im tatsächlichen und im übertragenen Sinne die Erde dreht. Der zweite ist das Individuum, eine historische Neuschöpfung, die es – jedenfalls im Umfange wie heute – in der Geschichte noch nicht gegeben hat: Eine *Massengesellschaft* von, der Möglichkeit nach, freien und selbständigen Individuen.

Jeder Mensch kreist als Teil der Erde um die Sonne, und in dem Punkt, wo der oder die Einzelne wirklich individuell ist, dreht sich auch eine Welt um sie oder ihn! Deshalb besitzt der Satz »Und sie bewegt sich doch« heute eine zweite, weitgehend noch zu erkundende Bedeutungsrichtung: In und auf der Erde bewegt es sich, und jede/r hat einen *individuellen* Anteil daran.

Weil das Individuum die Bühne der Geschichte betritt, entsteht – als ein kleiner Teil dieser großen Umwandlung – das neuartige Interesse an der Astrologie. Im Horoskop nimmt der oder die Einzelne den Mittelpunkt ein, um den sich Planeten, Zeichen und Häuser drehen. Natürlich muß man sich gewiß bleiben, daß das

Individuum nur *ein* Aspekt der Wirklichkeit ist. Aber dieser Aspekt besteht, und es besteht ein großer Bedarf danach, diesen besser kennenzulernen und zu leben.

Kraft mal Weg

Damit schließt sich der Kreis wieder zum astrologischen Stier. Wenn er sich zunächst fremd auf der Welt erfährt, so liegt das darin begründet, daß er die Kräfte der Erde besonders deutlich empfindet und hin- und hergerissen ist von seinen Bedürfnissen, sowohl den Punkt der Gemeinsamkeit mit den vielen anderen wie auch den Ort der persönlichen Individualität aufzufinden.

Der Stier muß die Kräfte der Erde annehmen und seinerseits bewegen, um den eigenen Anteil in der Welt zu erkennen. Seine astronomische Definition lautet »Ich habe«; Besitz und Vorrat stellen für den Stier existentielle Sicherheiten dar. Der *sicherste* Besitz und der *ergiebigste* Vorrat aber ist die »Individualität«. Individualität heißt aus dem Lateinischen »das Unteilbare«. Dabei wird das Unteilbare zur Wirklichkeit, wenn man es mit anderen teilt, d. h. wenn man es mitteilt und sich für seine Verwirklichung einsetzt. In der verwirklichten Individualität erreicht der Stier seine Blüte – und auch die Grenze seines Zeichens. Die realisierte Individualität macht den Übergang zu den Zwillingen frei, deren Anfangsvoraussetzung eben die Individualität ist.

Arbeit ist »Kraft mal Weg«. Arbeit bedeutet für den Stier, den Kräften der Erde einen individuellen Weg zu weisen. Es kommt dabei ganz darauf an, daß die Arbeit von den persönlichen Bedürfnissen ausgeht und bei ihnen auch wieder ankommt.

Dem Alltag
in die Karten schauen

Tarot für engagierte
Stier-Frauen und -Männer

Von der Astrologie nun ein Sprung zum Tarot. Beide Symbolsprachen haben zunächst einmal eine große Popularität gemeinsam. Tiefere Gemeinsamkeiten zwischen diesen recht unterschiedlichen Zugangswegen in die Welt der Symbolik zeigen sich, sobald man auf jedem *geht*. Beide Symbolsprachen besitzen ein Eigenleben, und erst wenn Sie die Astrologie und das Tarot jeweils für sich sprechen lassen, dann wird auch eine Kombination zwischen beiden sinnvoll. Als Allegorie, als bloße Illustration astrologischer Prinzipien würden die Tarotbilder verkümmern, und die Astrologie würde verkürzt, wenn Sie sich in der Erläuterung der Tarot-Symbolik erschöpfen sollte. Jede Symbolsprache vertritt eine eigene Logik, eine eigene Wahrnehmungsweise; je deutlicher die Unterschiede, desto fruchtbarer die Gemeinsamkeiten.

Mit 550 Jahren sind die Tarot-Karten wesentlich jünger als die Astrologie, die immerhin mehr als 4500 Jahre hinter sich hat. Die Inhalte – die Bilder und Motive – der Tarot-Karten reichen allerdings zum Teil ebenso weit zurück wie die Himmelskunde.

Die ältesten bekannten Tarot-Karten stammen aus der Renaissance-Zeit, und heute gilt es wieder als ungeklärt, wer die ersten »tarocchi« in Oberitalien zeichnete und zu welchem Zweck er oder sie sie herstellte. Gesichert ist demgegenüber die Feststellung, daß es eine derartige Tarot-Welle wie in den letzten 10 bis 20 Jahren in der Geschichte noch nicht gegeben hat. Die Faszination, welche die Tarot-Karten aktuell auf Millionen Menschen ausüben, ist in ihrem Ausmaß und ihrem Inhalt ein neuartiges Phänomen.

Wenn Sie die Tarot-Karten noch gar nicht kennen, dann bilden Sie sich auf den anschließenden Seiten einen Eindruck, und probieren Sie das *praktische Kartenlegen* einmal aus.

Tarot-Kartenlegen

Tarot ist ein Kartenspiel, das in unserer Zeit auf völlig neue Weise entdeckt wurde. Es läßt sich am besten als eine Übung begreifen, bei der man wach und spielerisch Träume schöpft. Tarot-Kartenlegen ist heute ein Mittel der kreativen Meditation, ein Training der Intuition und eine Begegnung mit dem Fantastischen.

Sie können sich den Tarot-Karten, deren Bildern und Symbolen so nähern, wie Sie sich auch Träumen, (fantastischer) Kunst oder intellektuellen Rätseln nähern. Dazu gehört die Symboldeutung, aber auch der Mut, den Gefühlen und den manchmal unbekannten Wirklichkeiten der eigenen Person ins Auge schauen. Man beginnt am besten mit der »Tageskarte«. Morgens oder abends wird täglich oder doch einigermaßen häufig eine Karte gezogen – als Symbol, als Motivierung oder als besinnlicher Reflex des persönlichen Tagesgeschehens. Die Bedeutungen dieser Tageskarten sollen zunächst individuell und intuitiv erfaßt werden. Später können zusätzliche Interpretationen aus der Tarot-

Literatur zu Rate gezogen werden. Zwei (der zahlreichen) Muster für das weitere Tarot-Kartenlegen:

| 2 | 1 | 3 |

1 – Aktuelle Situation
2 – Vergangenheit oder das, was schon da ist
3 – Zukunft oder das, was neu zu beachten ist

| 5 |

| 2 | 1 | 3 |

| 4 |

1 – Schlüssel oder Hauptaspekt
2 – Vergangenheit oder das, was schon da ist
3 – Zukunft oder das, was neu zu beachten ist
4 – Wurzel oder Basis
5 – Krone oder Chancen

Zum praktischen Vorgehen:
- Benutzen Sie alle 78 Karten eines Tarot-Spiels. Die Sitte, nur 22 Karten zu verwenden, stammt aus der Zeit von vor 1910, als für nur 22 Karten (die sog. Großen Arkana) Bilder existierten. Heute ist die generelle Beschränkung nicht mehr sinnvoll.
- Stellen Sie auch einmal fest, welche Ziele Sie für sich mit dem Kartenlegen verfolgen möchten.
- Überlegen Sie sich Ihre Frage, die Sie nun an die Tarot-Karten richten möchten. Für die Art der Frage gibt es keine zwingenden Ge- und Verbote.
- Wichtig ist zu wissen: Die Karten wirken wie ein Spiegel. Sie können Fragen über zweite und dritte

Personen stellen. Die Antwort der Karten schließt dabei stets Ihr Verständnis und Ihr Verhältnis zu diesen Personen mit ein. Wenn Sie Fragen über andere Personen stellen, sind dennoch auch Sie selbst mit im Spiel.

- Mischen Sie die Karten, wie Sie es gewohnt sind. Alle verpflichtenden Vorschriften (Kartenziehen mit links; Mischen durch Rühren auf dem Tisch usw.) sind Humbug. Nichts gegen ein persönliches Ritual. Aber keine verpflichtenden Vorschriften.
- Legen Sie nach einem Legemuster aus, das Sie zuvor ausgewählt haben. Sie können dazu Legemuster aus der Literatur benutzen, aber auch eigene entwerfen (*vor* einer Kartenbefragung).
- Ziehen Sie die Karten, wie Sie es gewohnt sind. Legen Sie sie verdeckt in Form des Legemusters vor sich hin.
- Die Karten werden dann (im Normalfall) *einzeln* aufgedeckt. Erst wenn die Betrachtung und Interpretation einer Karte beendet ist, soll die nächste aufgedeckt werden.
- Alles, was während einer Kartenbefragung *geschieht*, kann zum Inhalt der gesuchten Antwort gehören.
- Die Antwort auf Ihre Frage geben *alle* Karten einer Auslage zusammen.

Eine Auslage, die sich besonders für »Stiere« bewährt hat:

Auslage »Ermutigung«

1 – Da kommen Sie her
2 – Dort gehen Sie hin
3 – Das fällt Ihnen schwer
4 – Das gibt Ihnen Sinn
5 – Das können Sie gut
6 – Für diese Lösung besitzen Sie Mut

Worin liegt die Wirkung des Tarot-Kartenlegens?

1. Aufhebung von Leitbildern
Glück und Unglück, große und kleine Geheimnisse des Lebens begegnen uns in den Tarot-Karten. Der Narr, der Magier, die Herrscherin, der Eremit, das Rad des Schicksals, das Gericht u. v. a. m. – »Liebe, Tod und Teufel« treten uns in bildlicher Darstellung entgegen. Wie bei der Traumdeutung geht es auch hier darum, die Symbolik als eine Sprache zu erlernen, was auch heißt, als eine Ausdrucksform der eigenen Betroffenheit kennenzulernen. Weil Tarot viele wesentliche Leitbilder der abendländischen Tradition auf seinen 78 Karten zusammenfaßt, ist die Beschäftigung mit Tarot hervorragend dazu geeignet, herkömmliche Leitbilder für sich persönlich zu erschließen und sie für die eigene Orientierung zu verwerten.

2. Auseinandersetzung mit eigenen und fremden Sehgewohnheiten
Deutung und Interpretation einer Tarot-Karte setzen sich zusammen aus
- der Bedeutungsgeschichte, die ein Symbol, ein Motiv oder ein Bild bisher erworben hat, und

- der persönlichen Wahrnehmung der betreffenden Karte im gegebenen Augenblick.

Die *persönliche Wahrnehmung* ist ein Stück weit auch eine *Wahrgebung*. Die Wahrnehmung im Augenblick schöpft und schafft u. a. neue Bedeutungen, die zum Teil über jede bisherige Bedeutung hinausgehen!

Vergleichen Sie z. B. die Skala möglicher Bedeutungen bei den im folgenden abgebildeten Tarot-Karten, und nennen Sie dazu Ihre persönliche augenblickliche Sichtweise.

3. Arbeit mit dem Zufall

Das Tarot-Kartenlegen ist eine immer wieder neue Bestätigung dafür, daß die Dinge des Lebens, die einer/m zufallen, eine ganz bestimmte Bedeutung besitzen können. Wer an einem blinden Zufall glaubt, wird durch das Tarot-Kartenlegen zu der Überlegung veranlaßt, ob es nicht doch bedeutungsvolle Zusammenhänge zwischen scheinbar unzusammenhängenden Ereignissen gibt, auch wenn der Zusammenhang »nur« in der Person des Betrachters oder der Betrachterin liegt.

Wer an eine zwingende Vorherbestimmung glaubt, der oder die lernt durch das Tarot-Kartenlegen verstehen, daß es kein Symbol und kein Ereignis gibt, dessen Bedeutung unabhängig von einer *persönlichen* Interpretation besteht.

Tarot-Karten für das Zeichen Stier

Den Abbildungen auf den folgenden Seiten liegt ein bestimmtes Schema der Verbindung von Tarot und Astrologie zugrunde. Die Tabelle auf Seite 52 gibt dieses

Tarot und Tierkreiszeichen

Widder: IV-Der Herrscher, XVI-Der Turm, Königin der Stäbe, Stab 2, Stab 3, Stab 4

Stier: V-Der Hierophant, III-Die Herrscherin, König der Münzen (Prinz der Scheiben), Münzen (Scheiben) 5, 6 und 7

Zwillinge: VI-Die Liebenden, I-Der Magier, Ritter der Schwerter, Schwert 8, Schwert 9, Schwert 10

Krebs: VII-Der Wagen, II-Die Hohepriesterin, Königin der Kelche, Kelch 2, Kelch 3, Kelch 4

Löwe: VIII-Kraft (= XI-Kraft/Lust), XIX-Die Sonne, König (Prinz) der Stäbe, Stab 5, Stab 6, Stab 7

Jungfrau: IX-Der Eremit, I-Der Magier, Ritter der Münzen (Scheiben), Münzen (Scheiben) 8, 9 und 10

Waage: XI-Gerechtigkeit (= VIII-Gerechtigkeit/Ausgleichung), III-Die Herrscherin, Königin der Schwerter, Schwert 2, Schwert 3, Schwert 4

Skorpion: XIII-Tod, XX-Gericht (= XX-Äon), König (Prinz) der Kelche, Kelch 5, Kelch 6, Kelch 7

Schütze: XIV-Mäßigkeit, X-Rad des Schicksals, Ritter der Stäbe, Stab 8, Stab 9, Stab 10

Steinbock: XV-Der Teufel, XXI-Die Welt/Das Universum, Königin der Münzen (Scheiben), Münzen (Scheiben) 2, 3 und 4

Wassermann: XVII-Der Stern, 0-Der Narr, König (Prinz) der Schwerter, Schwert 5, Schwert 6, Schwert 7

Fische: XVIII-Der Mond, XII-Der Gehängte, Ritter der Kelche, Kelch 8, Kelch 9, Kelch 10

Schema wieder. Es ist vor rund 100 Jahren erstmals entwickelt worden und hat sich im folgenden als geeignet erwiesen. Dieser Meinung waren u.a. die Urheber/innen der bekanntesten Tarot-Karten Waite/Smith und Crowley/Harris (s. Anmerkung S.144), und dieser Auffassung schließt sich der Verfasser aus eigener Erfahrung an.

Jedes Tierkreiszeichen besitzt demnach sechs Tarot-Karten, die für es typisch sind und die gemeinsam *ein* Bild des betreffenden Zeichens abgeben. Diese sechs Karten sind für den Stier:

- V – Der Hierophant (Der Hohepriester)
- III – Die Herrscherin (Die Kaiserin)
- König der Münzen (Prinz der Scheiben)
- Münz 5 (5 Scheiben)
- Münz 6 (6 Scheiben) und
- Münz 7 (7 Scheiben)

Sie sehen diese Kartenbilder in der Darstellung des Rider-Waite-Tarot (S. 54/5), des Crowley-Tarot (S. 56/7) und des »Ancien Tarot de Marseille« (S. 58/9). Weltweit gibt es derzeit über 300 verschiedene Sorten Tarot-Karten. Davon sind diese drei Spiele mit Abstand die verbreitetsten.

Die *Art der Darstellung* unterscheidet sich von einem Tarot-Spiel zum anderen bisweilen erheblich. Gemeinsam haben die verschiedenartigen Bildgestaltungen jeweils einen oder mehrere thematische Bezugspunkte. *Sie verkörpern auf unterschiedliche Weise eine selbe Situation.* Nur der Zugang erfolgt von verschiedenen Richtungen aus.

Rider-Tarot

Das Rider-Tarot wurde von Pamela Colman Smith
und Arthur E. Waite entwickelt und erschien 1910
im Londoner Verlag Rider.
Abbildungen: V – Der Hierophant und III – Die Herrscherin

KÖNIG der MÜNZEN

Abbildungen: König der Münzen – Münz 5 –
Münz 6 – Münz 7

Crowley-Tarot

Der Hohepriester

Die Kaiserin

Lady Frieda Harris und Aleister Crowley stellten dieses Tarot-Spiel 1943 fertig. Auf gedruckten Karten erschien es zuerst 1969 in den USA.
Abbildungen: V – Der Hohepriester und III – Die Kaiserin

Prinz der Scheiben

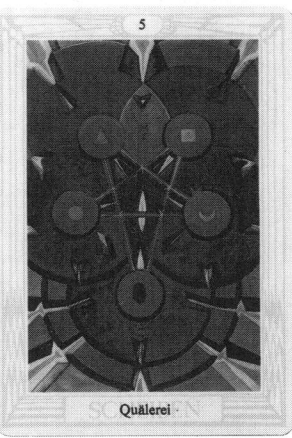

5

Quälerei

6

Erfolg

7

Fehlschlag

Abbildungen: Prinz der Scheiben – Scheiben 5 –
Scheiben 6 – Scheiben 7

Marseiller Tarot

*Die hier abgebildete Ausgabe des »Ancien Tarot de
Marseille« wurde, auf der Basis älterer Vorlagen, 1930
in Paris veröffentlicht.
Abbildungen: V – Der Papst und III – Die Herrscherin*

Abbildungen: König der Münzen – Münz 5 –
Münz 6 – Münz 7

Erweckung und Einweihung

*Abbildungen: Karte V – Der Hierophant / Der
Hohepriester / Der Papst
Rider-, Crowley- und Marseiller Tarot (v. l. n. r.)*

Die Sinne müssen (letztlich) einen Sinn machen, sonst
werden die Sinne müde – oder gar nicht erst geweckt.
So erklärt es sich, daß der Stier als »Sinnenmensch« zugleich einen der größten *Sinnsucher* und *Sinnstifter* im
Kreis der Tierkreiszeichen darstellt.

Aus der »Sinnfrage« des Stiers folgt auch seine Vor-
liebe für Tradition und Geschichte sowie für das, »was
die anderen machen« (auch seine gelegentliche Nei-
gung, mit Geschichte und Gesellschaft *gänzlich* zu bre-
chen). Die Karte des »Hohepriester« steht in diesem
Zusammenhang für alle Sinninstanzen einer Kultur –
traditionell für die Priester, aber auch für Lehrer, Pro-
fessoren, Therapeuten und schließlich heute für die
Leute, die einer/m persönlich ein sinnvolles *Vorbild*
darstellen. Der »Hierophant«, wie der Titel der Rider-

Karte lautet, bedeutet (aus dem Griechischen) wörtlich: Der- oder diejenige, welche/r Heiliges verkündet, Heiliges vorzeigt bzw. zum Vorschein bringt. Hierophant hießen im Altertum auch die Hohepriester verschiedener Einweihungsschulen.

Daneben erinnern die Bilder im Rider- und im Marseiller Tarot an den Papst der katholischen bzw. christlichen Kirche (die Tiara – die dreifache Krone –, die Schlüssel und der Bischofsstab als Abzeichen). Nun haben heute der Papst sowie jede Art von Guru für viele Menschen ihren Sinn verloren. Dennoch, gerade dann ist es namentlich für den Stier *wichtig*, diesen Hohepriester *nicht ersatzlos* zu streichen. *Ein sinnvolles Vorbild ist der Weg zum eigenen Zentrum.* In einem geeigneten Vorbild kommt »Heiliges zum Vorschein«, wie im Mond die unsichtbare Energie der Erde ein sichtbares Zeichen hat.

»Petrus, der Fels« ist ein echtes Symbol des inneren Rückhalts, des persönlichen »Fels in der Brandung«. Es kommt also darauf an, daß der Stier, wenn alte Vorbilder blaß und nichtssagend (oder feindlich) werden, ein geeignetes, ein persönliches Vorbild sich vor-stellt.

Das bedeutet in der Konsequenz, daß der Stier viel aus der eigenen und von fremden Kulturen lernt (sein Leben lang lernt – und das Lernen genießt) und daß er schließlich für *sein* Leben selbst die Aufgaben übernimmt, die in früheren Zeiten einmal die Hohepriester innehatten: Die Deutung der Lebensgeheimnisse und die Organisierung entsprechender Riten und Gebräuche. Für die großen Mysterien – Geburt, Hoch-Zeit, Tod – und für die kleinen Wunder & Schrecken des Alltags braucht und entwickelt der Stier selbstgewählte Gewohnheiten, bewußte Selbstverständlichkeiten.

Mit seiner erwachsenen und ausgebildeten Seite (die große Figur in den Bildern) kann er die jungen, unerfahrenen Seiten seiner Person ins Geschehen einführen. Im Rider- und Marseiller Bild verkörpern die beiden kleinen Figuren solche Neuankömmlinge, Initianden (die wie die Figuren auf der Karte Münz 6 gesehen werden können, s. S. 74, oder auch als *eine* Gestalt, die *in sich* noch »gesichtslos« und zwillingshaft ambivalent ist). Im Crowley-Bild vertreten dieselben Bedeutungen die kleine Priesterin und das noch kleinere Kind im Pentagramm, welche der großen Priesterfigur eingezeichnet sind.

Es handelt sich hier für den Stier um einen innerpersönlichen, wechselseitigen *Einweihungsprozeß*. Die bewußte, »etablierte« Seite weiht die jeweils unbewußte, noch ziellose Seite der eigenen Person immer wieder in die Zusammenhänge der bisherigen und der gegenwärtigen Lebens*erfahrung* ein. Und der jeweils frische, neu hinzukommende Teil der Person führt den alten »abgeklärten« Teil wieder und wieder in die *Erwartungen* an das eigene Leben ein, wie sie für jetzt und die Zukunft bestehen.

Das *ganze* Bild heißt »der Hohepriester« bzw. »der Hierophant«. Das Zusammenspiel aller Bildgestalten macht den Sinn des Eingemachten aus und vermittelt die persönliche *Quintessenz*, die im Bild durch die Zahl V (und durch die Pentagramme im Crowley-Bild) enthalten ist.

Als »Pontifex maximus«, d. h. als »oberster Brückenbauer« schlägt der Stier eine Brücke vom Bekannten zum Unbekannten, vom äußeren Verhalten zur inneren Einstellung, von der heutigen Ist-Situation zum künftigen Wunsch-Ziel. Dieser innerpersönliche Prozeß erlaubt dem Stier eine begründete Offenheit anderen gegenüber.

Der Stier kann es gut, und er braucht es auch immer wieder, sich in eine Gruppe, eine Gesellschaft oder in einen Zusammenhang neu einzuführen, sich vorzustellen und sich bekannt zu machen. *Denn sein Lebenselixier ist es, andere in seine Geheimnisse einzuweihen und sich von ihnen in ihre einweihen zu lassen.* Dadurch entsteht im Alltag der Tempel, den das Rider-Bild darstellt, und entsteht jenes elementare Energiezentrum, welches das Crowley-Bild zeigt. Die Stützpfeiler sind der Respekt vor dem Eigenen und vor dem Anderen. Die deutliche Unterscheidung von geeignetem und ungeeignetem Selbst-Verständnis aber ist für den Stier der Schlüssel zum Eingemachten, der Eintritt ins Heiligtum.

Das Geheimnis der eigenen Natur

»Die Herrscherin« bzw. »die Kaiserin« führt deutlich vor Augen, daß der Stier *das* weibliche Zeichen im Tierkreiszeichen ist. Wie Sonne und Mars (Männerzeichen) ihr Haus bzw. ihre erhöhte Stellung im Widder besitzen, so Mond und Venus (Frauenzeichen) im Stier. Der Mond ist im Crowley-Bild mehrfach zu sehen (u. a. in der sog. Isis-Krone der Kaiserin). Das Venuszeichen führt die Herrscherin des Rider-Bildes in ihrem Wappen, welches auch so gesehen werden kann, daß die grüne Natur im grauen Unbewußten eingeschlossen ist. Als Zeichen der Erleuchtung und des Bewußtseins sind die zwölf funkelnden Sterne der Herrscherin-Krone (Rider-Bild) zu verstehen. Für Frauen stellt sich hier

 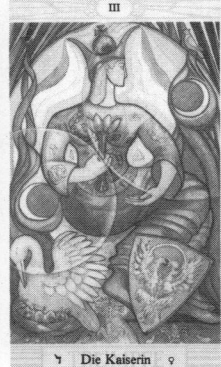 

Abbildungen: Karte III — Die Herrscherin / Die Kaiserin
Rider-, Crowley- und Marseiller Tarot (v. l. n. r.)

ihre Weiblichkeit dar, und Männer können etwas über ihre weiblichen Seiten erkennen. Frauen wiederum brauchen auch ihre männlichen Seiten, um die Macht der Herrscherin zu verwirklichen.

Die Menschen im Stierzeitalter vor mehr als viertausend Jahren lebten – nicht überall, aber vielerorts – in einer mutterrechtlichen (matriarchalen) Gesellschaft. Nach dem »Sieg« des Patriarchats (im Mittelmeerraum meistens im zweiten Jahrtausend vor unserer Zeit) lebten mutterrechtliche Riten dennoch weiter. Die schon angesprochenen Einweihungsschulen (Mysterienschulen) der ersten Jahrhunderte vor und nach dem Jahr Null pflegten u. a. den Isis-Kult. Im Christentum lebte nicht zuletzt in der Marienverehrung die naturreligiöse Anbetung der »Großen Mutter« weiter. Die Mondsichel in Gestalt der Stierhörner (die an die »alten Zeiten« der Muttergottheiten erinnert) ist bis in die Gegenwart ein beliebtes Mariensymbol geblieben. Der Dreifaltigkeitsglaube des Christentums ist u. a. auch als ein Reflex auf die alten Religionen zu verstehen, in denen die Göttin in der dreifachen Gestalt von Jungfrau, Mutter und Alter Frau in Erscheinung trat. In der germanischen Mythologie entsprachen dieser die drei Nornen, die die Schicksalsfäden spannen und die zum Teil in den überlieferten Märchen noch lebendig geblieben sind.

Die Zahl Drei und das Symbol des Dreiecks stehen in diesem Zusammenhang traditionell für das Weibliche bzw. Frauliche, so wie das Rechteck und die Zahl Vier für das Männliche.

Die Frauenbewegung hat (nicht erst in den letzten 20–30 Jahren) die alten Matriarchate z. T. wiederentdeckt und zu einem Symbol für den – auch historisch verankerten – Eigenwert einer weiblichen Kultur erhoben. Diese Entwicklung steht in Zusammenhang mit der *Entdeckung des Individuums*.

Das »Individuum« ist eine Entdeckung erst der Neuzeit. Die alte Naturreligion der Großen Mutter sowie der Glaube und die Philosophie der Juden, Griechen und Römer des Altertums kannten es nicht. Das Christentum hat Voraussetzungen indirekt geschaffen – durch die Lehre vom »Nächsten«, in dem Gott in Erscheinung trete, und durch den Gedanken von Schuld und Erlösung, der eine individuelle Verantwortung für Heil und Unheil beinhaltet.

Die Entdeckung des Individuums beginnt mit der Renaissance, der Reformation und den Bauernkriegen in Europa und mit der Eroberung der »Neuen Welt«. Als dann 1776 und 1789 zum ersten Mal die *Menschenrechte* erklärt werden (die Taufstunden des Individuums), zählen viele Menschen aber nicht zu denjenigen, deren Rechte anerkannt sind: Neben vielen weiteren Bevölkerungsgruppen und besonders den Indianern in Amerika sind es in der alten wie in der neuen Welt – die Frauen. Die Geschichte der Demokratisierung ist seitdem auch die Geschichte der Frauenbefreiung und der Anerkennung zuvor unterdrückter »Subkulturen«, die nach und nach ihr menschliches Daseins-Recht behaupteten.

Die Erinnerung an die alten Matriarchate bedeutet heute die Idee und die Gewißheit, daß auf einer neuen Stufe eine Einheit mit »Mutter Erde« und mit der eigenen Natur möglich und nötig ist, wie nie zuvor.

Die praktische Bedeutung der Karte »Die Herrscherin« besteht zunächst in der Aufforderung, selber an der Verwirklichung der eigenen Natur zu *arbeiten*. Es geht um die Beendigung von falscher Bescheidenheit und von selbstgenügsamer Ohnmacht. Sich selbst zu motivieren für Ziele und Wünsche, die man ernten will, das ist die wesentliche Herausforderung der »Herrscherin«: Selber zu handeln, nicht erst, wenn es gar nicht anders geht; vielmehr sich mit Aufgaben zu betrauen, die sich lohnen, die persönliche Ergebnisse herbeiführen, auch wenn sie Mühen und Schmerzen kosten.

Für den Stier in jeder/m einzelnen heißt dies weiterhin: Sie und er kann es und braucht es besonders, *sich selbst Mutter und Kind zu sein*. Alles, was mit den tatsächlichen Mutter-Kind-Beziehungen im eigenen Leben zusammenhängt, ist eine Ausdrucksform dafür, wie man mit dem Stier in sich und bei anderen umgeht. Mehr als andere Tierkreiszeichen sieht sich der Stier dazu gezwungen und/oder dazu ermuntert, die eigenen Bedürfnisse zu kultivieren und sich selbst zu erziehen:

Einfühlsam darauf achten, was er/sie selbst und andere im Moment benötigen. Unsinnige Ansprüche abwehren und sinn(en)volle Ziele und Ideale auf den Thron heben. Auf dem Recht des Eigenen bestehen, liebevoll und kritisch auf das achten, was im Werden und Wachsen ist. Mit Erfahrung, aber ohne Vorurteil sich die Welt anvertrauen. – Sich selbst zu erziehen heißt zugleich: Das persönliche Selbst zu erziehen. Dadurch entwickelt und besitzt der Stier eine besondere Selbst-Verständlichkeit, ein kraftvolles Urvertrauen, wie Mutter und Kind in einem. Dafür stehen u. a. der Fluß und der Wasserfall im Rider-Bild: die Strömung des Wasser vorwärts, seine bleibende Verbindung zur Quelle; die unwiderrufliche Lösung von der Quelle, die Ruhe in der sich gleichbleibenden Bewegung – und die Freude, sich fallen zu lassen, über das Bekannte hinaus, das Unvertraute sich einzuverleiben. Denn die (eigene) Natur ist im Vertrauten wie im Unbekannten zu Hause.

»Der Mensch lebt nicht vom Brot allein…«

Wie der Wirt, so sind auch die Tätigkeiten einer *Architektin* oder eines *Baumeisters* sinnbildlich für den Stier. Planen, Rechnen und Kalkulieren sind Stärken des Stiers. Ein Zeichen dafür ist die Kugel mit den geometrischen Strukturen, die der »Prinz der Scheiben« in seiner Linken hält. Nun bezieht sich diese Qualität des Stiers nicht unbedingt auf die Landwirtschaft, wie manchmal zu lesen ist. Traditionell zählen Bauern und Landleute meist zu den »Stäben«, und zu den »Münzen« rechnen vielmehr Kaufleute, die freien Berufe, der Mittelstand.

»Münzen« lautet die traditionelle Bezeichnung die-

KÖNIG der MÜNZEN

Prinz der Scheiben

ROY·DE·DENIERS

Abbildungen: Karte König der Münzen / Prinz der Scheiben
Rider-, Crowley- und Marseiller Tarot (v. l. n. r.)

ser Farbreihe. »Scheiben« ist ein späterer Ausdruck. Zum Teil werden diese auch »Pentakel« oder »Sterne« genannt. Alles, was *Ihnen* persönlich zu einer Münze einfällt, ist mitgemeint und wichtig, wenn es um die *Bedeutung* dieser oder einer anderen Münzen / Scheiben-Karte *für Sie* geht. Auf einer mehr allgemeingültigen Ebene entsprechen die Münzen und Scheiben dem Element Erde (s. S. 27).

Die Münzen (oder Scheiben) bedeuten die eigenen *Talente*. Das Talent war zu biblischen Zeiten ein Geldstück; Taler und Dollar stammen vom Wort Talent ab. Eine materiell-finanzielle Bedeutung steckt also in den Talenten. Zusätzlich aber die übertragene Bedeutung, unter der wir das Talent heute meist zuerst kennen — eine besondere Begabung und Aufgabe.

Die Münzen sind geprägt. Das heißt auf der einen Seite: *In den Münzen können wir die Prägungen erken-*

nen, die wir erhalten haben, unser Erbe, unter dem wir angetreten sind. Und *auf der anderen Seite erkennen wir uns in den Münzen selbst als Prägende*, als Prägestock, der das Gesicht der Erde und das eigene Antlitz gestaltet, sowie schließlich das Erbe, das wir hinterlassen werden.

»Prägestock« heißt auf altgriechisch »Archetyp« (wobei Archetyp auch »Urbild« bedeutet). »Archetypen« sind die Ureindrücke, die in uns ruhen, und die Erstprägungen, die wir für uns und für unsere Nachwelt tätigen. Insofern ist ein Teil der symbolkundlichen und psychologischen Literatur einseitig, wenn dort zwar nach den Auswirkungen der Archetypen auf uns gefragt, die andere Seite – die Auswirkungen unserer höchst eigenen Prägekräfte auf andere – aber vergessen wird.

Eine Besonderheit des Rider-Tarot ist das Pentagramm, der Fünfstern in den Münzen. Dieses Symbol besitzt eine überaus reichhaltige Bedeutungsgeschichte, die hier nur ansatzweise wiedergegeben werden kann. Das Pentagramm bedeutet u. a. die Verbindung der vier Elemente plus ihre Zuspitzung in einer fünften Kraft. Diese ist die *Quintessenz*, die wiederum zu dem »Stein der Weisen« und dem »großen Werk« in Beziehung steht (vgl. auch »V-Der Hierophant/Der Hohepriester«).

Das Pentagramm in der Münze ist eine »*Chiffre des Menschen*«. Stellen Sie sich die Spitzen des Sterns als Kopf, Arme und Beine vor (wie in Leonardo da Vinci's »goldenem Schnitt«). In den *Sachen*, in Gegenständen ist (wie hier in den Münzen) das Abbild des *lebendigen Menschen* enthalten. Das ist das große Geheimnis der Münzen!

Der Münz-König ist ein Genießer, aber auch ein Planer und Organisator, der durch seine Arbeit zur Ruhe in seinem Leben findet. Der Stier braucht seine Arbeit, aber er braucht nicht nur Arbeit, Kleidung, Brot usw., sondern genauso und mehr solche materiellen Lebensverhältnisse, in denen er sich selbst erkennen und ausdrücken kann. Er muß sich deshalb eigene Lebens- und Arbeitsformen, eine persönliche Kultur schaffen, und in diesem Sinne ist *jeder Stier ein Baumeister*, gleichgültig, welchen Beruf er sonst ausübt. Die Bilder im Rider- und Crowley-Tarot zeigen, wieviel harte Arbeit die Bestellung des (Lebens-)Ackers erfordert, welch schwere Steine zu bewegen und aufzurichten sind, bis der Stier *seinen Thron* aufschlagen kann. Andererseits lohnt sich jedoch die »Ochsentour«: Wenn er sein *Werk* vollbringt, genießt keine/r so ruhig und (aus)gelassen das Leben wie der Stier.

Hilfe in der Not

Eine der großen Stärken des Stiers besteht darin, die Welt wohnlich zu machen, und eine seiner besonderen Schwächen darin, sich über die Maßen verloren in der Welt zu fühlen. *Wirt*, Herbergsvater und Herbergsmutter als hilfreiche Personen sind in zahlreichen Märchen und Geschichten typische Stier-Symbolfiguren. Dabei gehört allerdings auch die negative Version des mißgünstigen, habgierigen Wirts zum Repertoire des Stiers. In diesem letzteren Sinne wird nun die Karte »Münz 5« oft als ein Bild der Unwirtlichkeit verstanden. Bei Crowley heißt der Titel »Quälerei«. Tatsächlich lassen sich die Bilder *auch* auf diese unerfreuliche Weise auffassen. Im Crowley-Bild wirken dann die 5 Scheiben wie ein großes Räderwerk – bedrohlich, zermalmend, ohne Freiheitsraum. Das Rider-Bild sieht unter dieser

 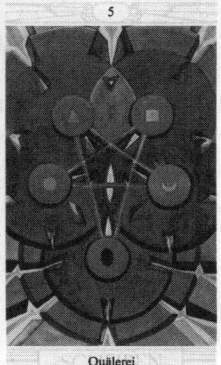 

Abbildungen: Karte Münz/Scheiben 5
Rider-, Crowley- und Marseiller Tarot (v. l. n. r.)

Betrachtung nicht besser aus. Zwei arme, verletzte Gestalten irren durch Kälte und Not. Sie haben keine Heimat, sind Aussätzige (das Halsglöckchen der linken Figur als Pestglöckchen betrachtet), Verstoßene »draußen vor der Tür«.

Diese und ähnliche Erfahrungen von Verlorenheit und Verirrung bilden einen Teil der Grunderfahrungen des Typus Stier. Der Zusammenhang läßt sich schon in der Mythologie verfolgen, wenn man bedenkt, daß Inhalt und Schrecken des *Labyrinths* eben der Minotauros, der königliche Stier war. Nachtträume heute, die davon handeln, daß man sich veirrt, verzweifelt nach etwas sucht oder etwas verliert, an das man sich nicht mehr erinnert, – solche Trauminhalte stellen zumeist stierische Themen und Probleme dar.

In den Labyrinth-Träumen offenbart sich im Endeffekt das besonders gute Empfinden des Stiers für Ausgestoßenheit, für Bedrohung oder für Zerstörung der Natur. Das Mit- und Nachempfinden rührt vom Element Erde her und ist beim Stier ganz körperlich, praktisch und existentiell verankert. Wenn der Stier nicht im Lot ist, neigt er *auch* dazu, gegenüber den Notlagen von anderen sich entweder allzusehr abzuschotten oder übermäßig mitverantwortlich zu fühlen. Dann charakterisieren den Stier auf der einen Seite eine starke, im Extremfall »bunkermäßige« Abgrenzung von anderen; auf der anderen Seite eine loyale, im Extrem sogar »hörige« Gefolgschaft zu anderen. Diese beiden Verhaltensweisen sind im Rider-Bild wiederzuerkennen.

Ein Schlagwort, das diese verschiedenen Aspekte des Stiers zusammenfaßt und daher gut zur Karte Münz- oder Scheiben 5 paßt, ist das Wort vom *Helfersyndrom*. Hilfsbereitschaft ist eine Tugend, die beim Stier häufig und besonders zuverlässig anzutreffen ist. Das »Helfersyndrom« aber ist eine einseitige Hilfsbereitschaft, eine Mischung aus zu starker und zu schwacher Abgrenzung.

Die richtigen Grenzen zu ziehen, ist für den Stier eine lebenslange Lernaufgabe, die notwendige Grundlage für jede Art von persönlichem Erfolg. Auf der einen Seite geht es darum, Hilflosigkeit *auch* zu akzeptieren: Sich geschlagen geben zu können; ein Ende anzunehmen; einen Mangel zu ertragen – *ohne* nach weiterer Abhilfe oder Milderung zu suchen. Das Leid ist ein Teil der Existenz, kein »Betriebsunfall«. Zum anderen ist es aber eine Lebenserfahrung, die der Stier ebenso nachhaltig vertritt und verkündet: Es gibt *unnötige* Not und *zuviel* Elend auf der Welt – und im eigenen Haus. Es lohnt sich und macht Sinn, dagegen anzugehen. Wir tun gut daran, für uns wie für andere uns um Vorsorge, Vermeidung oder Abschwächung von Notlagen mit ganzer Kraft zu bemühen.

Eine bekannte Legende erzählt vom Blinden und vom Lahmen, die sich zusammen auf den Weg machen. Der Blinde stützt den Lahmen, und der Lahme führt den Blinden. Indem sie ihre Nöte teilen, werden sie von der Hilflosigkeit ihrer Lage erlöst.

Diese Legende erhellt die positive Sichtweise der Karte Münz 5 bzw. 5 Scheiben. Sie verkündet etwas sehr Heilsames, und das gibt auch dem Räderwerk des Crowley-Bildes einen neuen Sinn, dessen Titel »Quälerei« eben nur *eine* Bedeutung der Karte anspricht. Andere Bedeutungen lauten »Heimkehr« und »vollständiger Zusammenhang«: Wo die verschiedenen Seiten der eigenen Person, inklusive Stärken und Schwächen, ihr Daseinsrecht erhalten und zusammenwirken können, da erwächst Heimat. Wo verschiedene Personen mit ihren ganz eigenen Seiten in ihrer Art sich anerkennen und zusammenwirken, da entsteht ein Tempel.

Mut zur Selbstveräußerung

Auf der folgenden Seite sehen Sie die Bilder der Karte Münz 6. Das Rosenkreuz in der Mitte der »6 Scheiben« (Crowley-Tarot) ist ein Symbol für die Reife und die Schönheit des persönlichen Ich. Die Rose drückt Kultur und Natur aus. Das Kreuz beinhaltet die Vielfalt der Richtungen (bzw. der Elemente) und die Einheit im Zentrum. Zugleich bedeutet das Kreuz die Annahme der eigenen Person und eines persönlichen Lebensweges in der Welt. Die Rose ist auch ein Zeichen der Ve-

Abbildungen: Karte Münz / Scheiben 6
Rider-, Crowley- und Marseiller Tarot (v. l. n. r.)

nus, die im Herzen des Stiers wohnt, und insofern rückt in der Rose das, was den Stier in seinem Innersten ausmacht, in den Bildmittelpunkt – sein Wesen kommt zum Vorschein und bildet ein sichtbares Zentrum.

Selbst-Verwirklichung stellt eine besonders typische Stier-Qualität dar. Allerdings ist es hier wie mit den Eigenschaften aller Tierkreiszeichen: Chancen und Gefahren werden in demselben Haus geboren. Der Typus Stier muß es auch *besonders* lernen und einüben, das eigene Selbst zu offenbaren. Der Weg besteht dabei darin, die (eigenen) Bedürfnisse und Nöte ernstzunehmen. Dies sei illustriert am Rider-Bild.

Mit der großen, reich ausgestatteten, erwachsenen Seite gilt es, den kleinen bedürftigen, noch jungen Seiten (bei sich oder bei anderen) Unterstützung zu geben. Und umgekehrt, durch die Ansprüche der kleinen Gestalten kann die große weiterwachsen. Die große Gestalt muß lernen, Anforderungen zu stellen und die richtige Förderung abzuwägen. Die eine der kleinen Figuren (in der Betrachtung die linke Figur in Gelb) muß üben, geeignete Bitten und ihrerseits Forderungen zu stellen, während die andere knieende Gestalt (in Blau) sich daran gewöhnen wird, daß Bedürfnisse leer ausgehen. Es hat für den Stier u. a. großen Wert zu erfahren, was er *nicht* (haben) will bzw. was er nicht (haben) kann. Alle drei Figuren zusammen zeigen als Fähigkeit und Aufgabe, (eigene) *Bedürfnisse zur Geltung* zu bringen und festzustellen: Welche Wünsche sollen erfüllt werden und welche nicht? Welche Ängste und Nöte können beseitigt werden und welche nicht?

Im übrigen wird in diesem Bild deutlich, daß der Stier in der Selbstverwirklichung seine Ziele erreicht, wenn er über sich hinausgeht: Wenn sein Weg zum anderen Menschen führt, wenn er praktische Resultate (»Münzen«) in der Welt erzielt und wenn er ein wachsendes, selbstbewußtes Ich hervorbringt. Selbstveräußerung bedeutet, nach einem Wort aus der Freimaurerei, »die Umsetzung des als richtig Erkannten in die praktische Tat an sich selbst und seinen Nächsten«.

»Willst Du Dich beeilen, mach einen Umweg«

Fast scheint es so, als hätte die Arbeit an und mit den Bedürfnissen »schlechte Karten« erwischt. Auf Münz 6 folgt als nächste der Stier-Karten Münz 7: Das Rider-Bild läßt sich als Darstellung eines »Ochs' vorm Berg« sehen, und bei Crowley lautet nach dem »Erfolg« der 6

Abbildungen: Karte Münz/Scheiben 7
Rider-, Crowley- und Marseiller Tarot (v. l. n. r.)

Scheiben nun der Titel »Fehlschlag«. Allerdings ist diese Bildunterschrift (wie immer bei den Crowley-Karten) willkürlich aus dem Bedeutungsspektrum der Karte herausgegriffen. Der Titel der Karte 7 Scheiben lautet ebenso »Bestätigung«, »sicherer Erfolg«, »großes Vermögen« u. a. m.

Bei der Crowley-Karte sieht sich die Betrachterin oder der Betrachter dem Bild eines Dschungels gegenüber, einer Art Buch mit sieben Siegeln. Das Gleiche geschieht *im* Rider-Bild: Die Bildfigur hat einen Berg Arbeit (die Münzen) vor sich. Egal, ob getane oder künftige Arbeit, das Problem besteht hier darin, einen *persönlichen Maßstab* zu besitzen, auf den man sich *stützen* kann, um mit den »Münzen« zurechtzukommen. Die Münzen bzw. Scheiben sehen scheinbar klar und eindeutig aus. Tatsächlich haben sie »es« in sich. Sie besitzen eine Fülle von komplexen

Bedeutungen. Eben darum können sie auch wie ein Dschungel wirken, und daher erklärt sich letztlich, warum das Labyrinth als Stier-Thema auch heute aktuell ist.

Anzumerken bleibt für diese Karte, daß sich an ihr die sprichwörtlich gründliche und bedächtige Wesensart des Stiers erhellt. (Faul, müde oder hektisch wird der Stier meist nur, wenn sein Naturell nicht zum Zuge kommt.) *Für den Stier ist die erste Betrachtung, die erste Annäherung an einen Gegenstand eigentlich die schwerste.* Unbewußt sieht der Stier bereits mit dem ersten Blick die überwältigende Vielzahl von Dimensionen, die in einem Menschen oder in einer Sache stecken. Deshalb liebt er u. a. das Paradoxe, weil ein Paradoxon einen großen Erkenntnisraum erschließt. Gleichzeitig möchte der Stier die Dinge jedoch handhabbar haben. So verwendet er besondere Bemühungen auf griffige Definitionen. Die richtigen Grenzen zu ziehen, beschäftigt den Stier immer, ob zu seiner Nachbarin oder seinen Kollegen oder in seinen Begriffen. Zu diesem Zweck muß der Stier sein Gegenüber wieder und wieder betrachten.

Diese aufmerksame, »andächtige« Betrachtung aber ist ein Sinn des Wortes »Religion«. Das lateinische religere bedeutet u. a. freisetzen (lösen, erlösen), zurückverbinden (»Rückbindung an den Ursprung«) und: Wieder (und wieder) lesen. Das Thema Religion tritt für den Stier nicht bloß beim Bild »Der Hierophant (Der Hohepriester)« auf. Er braucht einen persönlichen Maßstab, um sich umfassend (»im Himmel und auf Erden«) selbständig zu machen. Ohne diesen Maßstab gleicht sein Tun einem *Fehlschlag*, egal, wieviel Münzen er in seinem Leben sammelt oder nicht. Mit eigenem Maßstab jedoch ist er unübertroffen in der Kunst, aus der *Kenntnis der Zusammenhänge* die (persönlichen) Lebensumstände nach Wunsch und Notwendigkeit zu verwandeln und zu erhalten.

Privat-Vorstellung

Traumdeutung für einfühlsame Stier-Personen

Träume stellen besondere Wegzeichen und Wendepunkte im Leben eines »Stieres« dar. Träume sind nicht selten mit besonderem Streß für den Stier verbunden. Auf der anderen Seite sind Bedeutung und Nutzen von Träumen für den Stier größer als für andere Zeichen.

Der Stier hat »von Haus aus« einen ausgeprägten Sinn für Ahnungen und Empfindungen. Dieser ist ihm auch unheimlich. Zu seinen Träumen fällt ihm (deshalb) oft nichts ein. Und ebenso oft wird der Stier seine Träume nicht mehr los. Das Unbewußte ist beim Stier durch den erhöhten »Mond« besonders kraftvoll. Um in diesem seinen unterschwelligen Spannungsfeld von Wünschen und Ängsten, von Bedürfnissen und Nöten nicht zur Salzsäule zu erstarren, bietet sich für den Stier die einfache, wenn auch anstrengende Lösung an, seine Träume – die schönen wie die schlimmen – ins Tagesgeschehen aufzunehmen. Der Stier sollte beherzigen, daß es ihm hilft, wenn er seine freudigen und die ängstigenden Gefühle kennt, so er sich ein Bild davon machen kann. Viele Erfahrungen zeigen: Die Vorbereitung etwa auf eine bevorstehende Begegnung, eine Prüfung, eine Feier od. a. wird gefördert und *nicht* gefährdet, wenn man – gerade durch Träume – sich seiner Wünsche und Befürchtungen klarer wird.

Der entscheidende Wendepunkt in der Entwicklung eines Stiers ist sehr oft der Moment, wenn er feststellt, daß die Gefühlswelten, das Unaussprechliche, die feinen Energien inner- und außerhalb seiner Person eine *Realität* in seinem Leben darstellen, die gelebt werden will, wie alles ihm sonst Bekannte auch. Hat er diese »andere« Realität bemerkt, dann kann der Stier sogar mit besonderer Sicherheit daran gehen, diese vormaligen »Fremden in der Nacht« sich anzuvertrauen und in ihnen eine hervorragende Quelle für weiteres Wachstum zu erkennen.

Fremde werden Freunde

Zugegeben, sobald er sich auf die Traumwelten einläßt, kann es für den Stier chaotisch werden. Manche Astrologie-Lehrbücher kennen den Stier *nur* als ausgesprochen ordentlichen Mitmenschen. Und dieser mag sich – nicht zu Unrecht – vor einem Durcheinander, auch im seelischen Bereich, fürchten. Allerdings ist dieses Verhalten nicht allein typisch für den Stier. Andere Stier-Menschen kommen umgekehrt aus dem Chaos selten oder nie heraus. Sie haben sich damit arrangiert oder mehr noch: Sie produzieren ihr Chaos immer wieder neu, weil sie darin mehr Lebendigkeit und Sinnesreiz verspüren. Hier kommt, ebenfalls nicht ohne Grund, eine andere Furcht zum Tragen: Nicht vor dem Durcheinander, aber vor einem Zu-kurz-kommen, vor Versäumnissen und davor, die eigene (Lebens-)Zeit nicht gehabt zu haben.

Es gibt keinen zwingenden Grund, warum der Stier sich mit seinen Träumen und anderen Erscheinungsformen seines Unbewußten beschäftigen sollte – außer der Achtung vor seinen Grundbedürfnissen nach Sicherheit und Genuß.

Sobald sich der Stier auf die »Anderswelt« der Träume einläßt, klaffen diese beiden Interessen – Sicherheit und Genuß – oftmals auseinander. Das hängt jedoch damit zusammen, *daß jede Art der persönlichen Weiterentwicklung* den Stier vor eine Situation führt, wo bewährte Personen, Dinge und Grundsätze ihren Dienst versagen. Das Bewährte hat seine Zeit erfüllt, es entstehen neue Unterscheidungen.

Die Beschäftigung mit Träumen und anderen unterschwelligen Empfindungen und Eindrücken (und dazu tragen alle Symbolsprachen, die in diesem Band besprochen werden, bei) bringt die inneren Widersprüche in Bewegung. Es sollte klar sein, daß man sich selbst, auch im Umgang mit dem Unbewußten, immer wieder Grenzen und Ziele setzen, Ort und Zeit so wählen sollte, daß »Es« einer/m letztlich wohlbekommt.

Grundsätzlich verhält es sich so, daß Wünsche und Ängste, Bedürfnisse und Nöte von sich aus da *sind*. Sie werden durch Traumdeutung, Tarot-Kartenlegen usw. weniger geschaffen, als offengelegt, d. h. zum Vorschein gebracht. Das Nichtwissen, Nichtkümmern usw. ändert nichts an der Existenz des Unbewußten. Es wirkt dann im Verborgenen und führt zu den zahlreichen unerklärlichen Verhaltensweisen, die gerade für den Stier typisch sind. So gesehen, bieten die Symbolsprachen und hier besonders die Traumdeutung dem Stier in uns allen die Gelegenheit, unbekannte und unerklärliche Seiten der eigenen Person näher kennenzulernen. Geheimnis soll Geheimnis bleiben. Aber die eigenen Bedürfnisse können ihr Dasein im Unerfindlichen (im Unempfindlichen) beenden. Wo immer dies gelingt, bedeutet dies ein Erlebnis von großem Glück – wie die endliche Heimkehr nach einer langen Abwesenheit.

Traummotive des Stiers

Jedes Thema kann Trauminhalt für den Stier sein. Hier soll kein Katalog von Traummotiven festgelegt werden, der irgendwelche Fragen den Stier-Träumen vorenthalten würde. Worum es im folgenden jedoch geht, ist, auf bestimmte Motive hinzuweisen, die – der astrologischen oder psychologischen Literatur und den Erfahrungen des Verfassers nach – besonders deutlich in Verbindung mit typischen Stier-Merkmalen stehen. Wenn Sie eines der im folgenden genannten Motive träumen, ist zunächst der Einzelfall, der genaue Ablauf des betreffenden Traumes nachzuempfinden und zu bedenken (s. Tips dazu auf S. 98).

Von Sinnen sein

Ein zentrales Stier-Motiv ist die Verbindung von Sinn und Sinnen. Im Traum zeigen sich »zauberhafte« Wunscherfüllungen, aber auch Warnungen und Unglücksvisionen.

Unheilsträume sind nicht per se schlechte Träume! Sie stellen in erster Linie *keine* »seelische Herbeirede«, sondern eine Verarbeitung von Unglück usw. dar. Sie sind deshalb sehr notwendig. – Nur unter bestimmten Voraussetzungen neigt der Stier im Alltag zu einer »Verelendungsstrategie«. Dann und nur dann ist es wichtig, negative Gedanken und auch bedrängende Traumereignisse zurückzuweisen und diese *sich bewußt vom Leib zu halten.*

Der Stier bekommt und behält ein gedeihliches Verhältnis zu seinem Traumleben, wenn er im sonstigen

Tagesablauf verstärkt darauf achtet, daß Körper- und Geisteskräfte *zugleich* zur Geltung kommen. Indem er zum Beispiel übt, körperliche Empfindungen in Worte zu kleiden; Worte und Gedanke sich als Bild vorzustellen; und sich das, was er vor sich *sieht*, auch als ein Sinnbild oder als einen Spiegel für das zu begreifen, was er im Moment innerlich empfindet.

Und einen *Wunschzettel* braucht der Stier. Wünsche, die erfüllt, und Ängste, die erledigt werden sollen, können darauf notiert werden, mit Zeitplan und gegebenenfalls mit notwendiger Hilfestellung.

Amok und Labyrinth

Wenn die Sinne keinen Sinn finden (»kein Anschluß unter dieser Nummer«), können sie sich verselbständigen. Ebenso wenn unsinnige Gedanken elementare Bedürfnisse unter Verschluß halten oder noch zusätzlich drangsalieren, dann kann es geschehen, daß sich diese unterdrückten Regungen in einem Ausbruch die Luft und den Freilauf verschaffen, der ihnen sonst vorenthalten wird. Zuviel Beißhemmung kann dann in ein Zuwenig umschlagen.

Bei Amok-Träumen sollte der Stier prüfen, welche (unbekannten) Aggressionen er hegt oder von jemand anders (insgeheim) erwartet.

Wenn auf der anderen Seite Geist, Sinn und Verstand zu kurz kommen und keine Verbindung zu den persönlichen Wahrnehmungen und Empfindungen erreichen (»der Anschluß ist vorübergehend gestört«), dann weiß die Person nicht, »was läuft«: Im wahrsten Wortsinne *grundlose* Gedankensplitter, Begriffsfetzen und sprachliche Assoziationen bilden eine chaotische Weltsicht aus. Als »brainstorming« ist dieser Vorgang sehr wohl erwünscht. Verselbständigte, empfindungslose Gedanken können aber auch ein labyrinthhaftes Weltbild ausmalen, das sich in den häufigen Stier-Träumen des Verirrens, des Auf- und Ablaufens ohne anzukommen, der Ziellosigkeit sowie der verzweifelten Suche niederschlägt. Bei Labyrinth-Träumen sollte der Stier die Gedanken beruhigen und *bewußter* auf seinen »Bauch« achten.

Von den Labyrinth- und Amok-Sequenzen sind die Verfolgungs- und Panikträume zu unterscheiden, die weitaus typischer für die Zwillinge bzw. den Wassermann sind. In eine Sackgasse zu laufen, irgendwo festzusitzen, in der Falle zu stecken – diese Traumhandlungen betonen dagegen mehr das Überwältigtwerden als das Irren und Verirren und gehören damit in den Bereich der Steinbock-Symbolik.

Notlagen

Die »soziale Frage« ist dem Stier ein fester Bestandteil seines Traumlebens. Hoffnung auf Reichtum und Angst vor Notlagen spielen eine große Rolle im Inneren eines Stiers. Dabei ist für den Seelenhaushalt unter bestimmten Voraussetzungen das Bild der betroffenen Personen austauschbar. Das bedeutet, daß Reichtum oder Not *bei anderen* einen Traumreflex auf die entsprechenden Wünsche und Ängste *der eigenen Person* darstellen können. Umgekehrt (müssen nicht, aber) können finanzielle und soziale Hoffnungen und Befürchtungen, die sich im Traum mit der eigenen Person verbinden, tatsächlich auf andere Menschen gemünzt sein.

Zum Verständnis dieser Träume ist es nützlich zu wissen, daß »Notlagen« im Grunde eine Stärke des Stiers sind. Wenn wir noch einmal die astrologische Symbolik betrachten, dann sind beim Stier die weiblichen Symbole Erde, Venus und Mond konzentriert. Die Kräfte, die damit bezeichnet werden, sind im psychologischen Sinne Anziehungs- und Abstoßungskräfte. Erwartungen und Bedürfnisse, die einen *Sog* und damit eine starke Anziehungskraft erzeugen, sind der eine maßgebliche »Seelenmotor« des Stiers. Haben, was man hat, und Anspruchslosigkeit stellen die zweite große Kraftquelle des Stiers da. Diese erlauben es, seelisch eine »chinesische *Mauer*« zu bauen, die starke Abstoßungsenergien freisetzt.

In diesen letzteren, den Abstoßungskräften äußert sich eine vehemente Selbstgenügsamkeit. Dieselbe Selbstgenügsamkeit erzeugt jedoch Notwendigkeiten, stellt Mangelsituationen und Notlagen groß heraus, wenn die gegebenen Verhältnisse dem eigenen Selbst nicht mehr oder noch nicht genügen! In diesem Sinne sind (Traum-)Erfahrungen von Not und Elend für den Stier ein Hinweis auf die Aufgabe, die eigenen Ansprüche ernster zu nehmen und genau zwischen persönlich tauglichen und untauglichen Ansprüchen zu unterscheiden.

Im übrigen gilt auch für das Traumgeschehen die vielschichtige Bedeutung der »Münzen« (s. S. 27). Finanzielle und soziale Themen beinhalten z. B. stets auch die Frage nach den eigenen *Talenten*, danach, welche Begabungen und Aufgaben man für sich erkannt hat!

Wohnungssuche

Alle Geschehnisse, die mit Wohnungen zusammenhängen, können im Alltag Stier-Symbole sein. Denn sinnbildlich ist der Stier ein Baumeister und eine Architektin, wie wir bereits erfahren haben, er möchte ein eigenes Zentrum errichten und den Platz in der Welt finden, an den er hingehört. Vom Wohnungsmagnaten bis zum Obdachlosen bietet sich ein großes Spektrum möglicher Charaktere, die im Tagesgeschehen, aber auch im Traum auftreten können und zugleich vom Stand jener inneren Suche Zeugnis ablegen, mit welcher der Stier mehr als ein Dach über dem Kopf sucht.

Verwandt mit der Wohnungssuche sind manchmal Erlebnisse bei der Parkplatzsuche. – Ein Haus kann im Traum ein Symbol der eigenen Körperverfassung oder/ und der Identität darstellen. – Zimmer und Zimmersuche im Traum konkretisieren das Thema der Wohnungssuche.

Behinderungen und Kurzschluß

Den Amok- und Labyrinth-Träumen stehen Träume von Behinderungen und Lähmungen gegenüber. Diese haben die gleiche Quelle: Eine *Venus*, die noch keine Bleibe im Leben des betreffenden Menschen gefunden hat und die daher nicht ohne Grund irrläuft oder sich behindert fühlt. Im Alltags- wie im Traumleben kann ein regelrechtes Wechselbad von Hektik und Erschöpfung als typisches Stier-Verhalten zu beobachten sein.

Wenn beides *zugleich* vorhanden ist, tritt eine Art

Raserei im Stillstand ein – äußere Hektik und inneres Aussetzen oder äußere Ruhe mit innerlicher Hochgeschwindigkeit. In diesen Fällen ist es zu einem »Kurzschluß« an der Stelle gekommen, wo sonst die »Venus«, die Verbindung zwischen Sinnen und Sinn noch schwach ist. In solchen Situationen muß der Stier für seinen Motor, der gleichsam im Leerlauf hochdreht, unbedingt einen Gang einlegen und sich ein regelrechtes Beschäftigungs- und Abwechslungsprogramm vorschreiben!

Die Angst vor Behinderungen oder Lähmungen, die am eigenen Körper oder durch äußere Hindernisse eintreten können, spiegelt die Furcht sowohl vor dem Handicap, vor Verlust und Versäumnis schlechthin, wie auch vor dem Überrolltwerden von einer verselbständigten Entwicklung, an der man selbst zu wenig Anteil hat. Wenn solche Träume einer/m auch übel zusetzen können, so liegt ihr Vorteil dennoch darin, daß vorhandene Ängste zum Ausdruck kommen, so daß man Konsequenzen daraus ziehen kann.

Eine Schlußfolgerung liegt für den Stier zu Recht in der Überzeugung, auf die bei der Tarot-Karte »Münz 5« bereits eingegangen wurde, nämlich daß man mit dem Leid als *einem Teil der Existenz* zu rechnen hat. Weshalb man, im Interesse aller, sich am Wohnort, auf der Arbeitsstätte und anderswo für Verhältnisse einsetzen sollte, in denen Behinderungen Platz haben.

Im übrigen setzt eine genauere Interpretation von Träumen, in denen körperliche Behinderungen oder auch Verunstaltungen eine Rolle spielen, eine Berücksichtigung des konkreten Zusammenhangs und insbesondere der unterschiedlichen Symbolik einzelner Körperteile voraus. Es hat sich eine gewisse astrologische

Tradition der Zuordnung bestimmter Körperregionen zu einzelnen Tierkreiszeichen herausgebildet (s. Abb. auf den S. 92/93). Danach gehört das Gesicht z. B. zum Bereich des Widders und der Knochenbau zum Steinbock. Zeigt sich im Traum eine Verunstaltung des Gesichts oder eine Mißbildung des Knochenwuchses, ist es nach den bisherigen astrologischen Erfahrungen vielversprechend, die Bedeutung des Traumes in Verbindung mit Widder- bzw. Steinbock-Themen zu bringen, also das verunstaltete Gesicht etwa mit der Frage der persönlichen Identität und den in Mitleidenschaft gezogenen Knochenbau etwa mit der Frage, inwieweit sich die betreffende Person als nützlich und berechtigt erfährt.

Zu beachten ist schließlich, daß viele Menschen in ihren Träumen den eigenen Körper üblicherweise weder en gros noch im Detail sehen. Oft ist eine Mißbildung oder eine Verunstaltung im Traum auch Ausdruck einer (noch ungewohnten, zweifelnden) Annäherung an den eigenen Körper bzw. den betreffenden Körperteil.

Der Zug ist abgefahren / Auf der falschen Veranstaltung

Eine Variante der Behinderungs- und der Labyrinth-Träume sind Traumereignisse, in denen man zu spät oder zur Unzeit irgendwo eintrifft oder sich aufhält. Wieder geht es darum, in der Praxis am Tag für sich Konsequenzen zu ziehen.

Ob man sich in der richtigen Gesellschaft befindet oder nicht, diese Frage ist zugleich ein Standard-Thema des Stiers. Hier gilt, wovon dieses Buch insgesamt handelt: Es ist nötig, ans Eingemachte heranzukommen.

Den Boden verlieren/Einbrüche

Weniger in Fallträumen als in (meist unbestimmten) Untergangsempfindungen äußert sich das Stier-Thema, den Boden unter den Füßen zu verlieren. Andere Formen der *Haltlosigkeit* können dem entsprechen. Die Umkehrung bieten solche Traumsequenzen, in denen man vom Boden nicht mehr loskommt, wo etwa die Füße festgewachsen oder einzementiert erscheinen.

Zu den Untergangsempfindungen gehören die Motive der Zimmerdecke oder des Fußbodens, die nicht mehr tragen und einbrechen. (Von oben: Daß der Boden bricht; von unten: Daß einer/m die Decke oder der Himmel auf den Kopf fällt.) Diese Art von Einbrüchen haben mit den *Diebstahlseinbrüchen* gemeinsam, daß der Stier dabei in seiner Existenz*grundlage* betroffen wird. – Im Traum bedeuten Einbruchszenen für den Stier häufig das Anliegen, neue Grundlagen zu schaffen und neue Wurzeln zu schlagen.

Vorräte/(Obst-)Garten

In vielen Varianten spielen Formen des Reichtums ihre Rolle im Innenleben des Stiers. Dabei sind Träume von Idolen, von besonderen Kostbarkeiten und von fürstlichen Begegnungen in der Verbindung mit der Suche nach Vorbildern zu sehen, wie sie durch die Thematik des »Hohepriester« im Tarot bereits angesprochen wurde. Daneben stehen Traumbilder, die die eigenen Schätze darstellen und erkunden. Vorräte und Sammlungen jeder Art gehören hierher. Gärten (und speziell Obstgärten) sind für den Stier typische Sinnbilder der Fruchtbarkeit der eigenen Person sowie der Aufgabe, die eigenen Früchte zu ernten.

Sexuelle Traumvorstellungen beim Stier

Jedes Traummotiv kann eine sexuelle Bedeutung besitzen. Auch die vorgenannten Themen. Die Vorstellung, den Boden unter den Füßen zu verlieren, kann mit zuviel oder zuwenig sexueller Hingabe in Verbindung stehen. Die Labyrinth- und Lähmungs-Träume können in verschiedener Weise angenehm und unangenehm sexuelle Erfahrungen widerspiegeln. *Verführungsszenen* spielen eine besondere Rolle für den Stier.

Die Bedeutung der Sexualität hat Sigmund Freud für und durch die Traumdeutung hervorgehoben. Sigmund Freud war seines Zeichens Stier (mit Aszendent Skorpion, laut Wolfgang Döbereiner). Gegenüber dem landläufigen Vorwurf, Freud habe »alles« und »zu sehr« sexualisiert, sollen an dieser Stelle die Punkte hervorgehoben werden, die für Freuds Verständnis der Sexualität kennzeichnend waren. Denn diese bringen insoweit sehr typische Stier-Vorstellungen von der Sexualität zum Ausdruck.

Freud erweiterte den Begriff der Sexualität: »Erstens wird die Sexualität aus ihren allzu engen Beziehungen zu den Genitalien gelöst und als eine umfassendere, nach Lust strebende Körperfunktion hingestellt, welche erst sekundär in den Dienst der Fortpflanzung tritt;

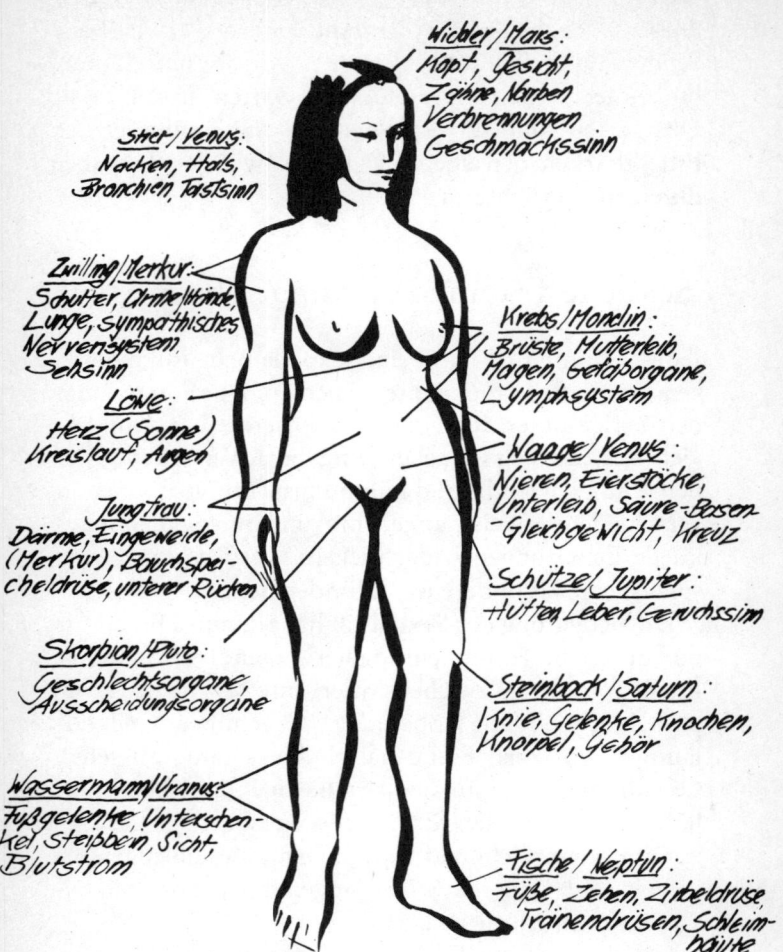

Widder / Mars:
Kopf, Gesicht,
Zähne, Narben
Verbrennungen
Geschmackssinn

Stier / Venus:
Nacken, Hals,
Bronchien, Tastsinn

Zwilling / Merkur:
Schulter, Arme/Hände,
Lunge, sympathisches
Nervensystem,
Sehsinn

Krebs / Mondin:
Brüste, Mutterleib,
Magen, Gefäßorgane,
Lymphsystem

Löwe:
Herz (Sonne),
Kreislauf, Augen

Waage / Venus:
Nieren, Eierstöcke,
Unterleib, Säure-Basen
-Gleichgewicht, Kreuz

Jungfrau:
Därme, Eingeweide,
(Merkur), Bauchspei-
cheldrüse, unterer Rücken

Schütze / Jupiter:
Hüften, Leber, Geruchssinn

Skorpion / Pluto:
Geschlechtsorgane,
Ausscheidungsorgane

Steinbock / Saturn:
Knie, Gelenke, Knochen,
Knorpel, Gehör

Wassermann / Uranus:
Fußgelenke, Unterschen-
kel, Steißbein, Sicht,
Blutstrom

Fische / Neptun:
Füße, Zehen, Zirbeldrüse,
Tränendrüsen, Schleim-
häute

Entsprechungen von Tierkreiszeichen und Körper

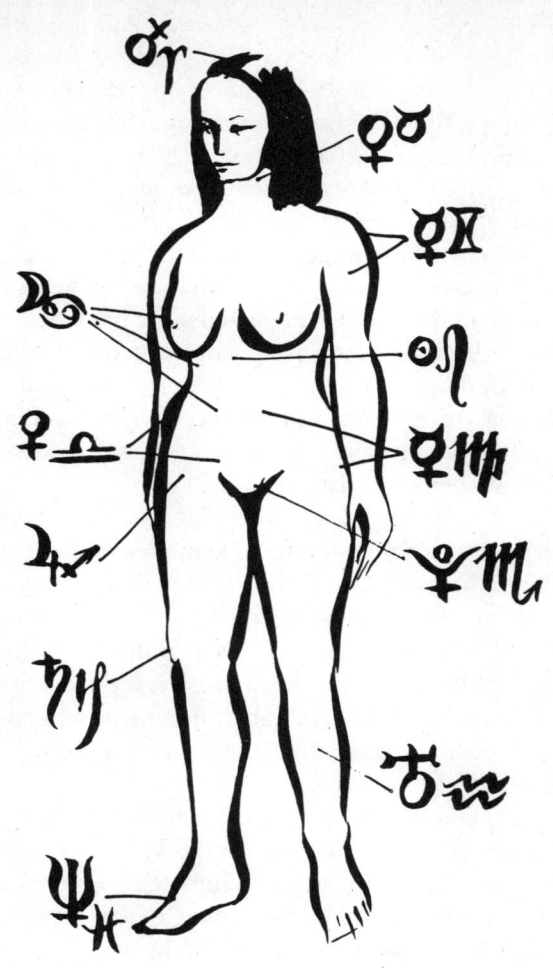

zweitens«, so Freud weiter, »werden zu den sexuellen Regungen alle die bloß zärtlichen und freundschaftlichen gerechnet, für welche unser Sprachgebrauch das vieldeutige Wort ›Liebe‹ verwendet«. Die Sexualität als ein umfassenderes Luststreben, das sich am gesamten Körper äußert, entspricht dem Stier als Sinnenmensch. Und ganz im Sinne des Venus-Prinzips ist die Auffassung, sexuelle Regungen und zärtliche, freundschaftliche Liebesempfindungen miteinander in Verbindung zu sehen, und nicht den einen Teil der Person dem anderen vorzuenthalten. Insoweit geht es um die »Loslösung der Sexualität von den Genitalien« (Freud), also um das, was wir als Sinnlichkeit bezeichnen, um den Abschied davon, »immer nur das Eine« zu suchen, wo Vieles des Wollens wert ist.

Zugleich betont Freud den Unterschied zwischen unorganisierter Sexualität und genitaler Sexualität. Erst in der genitalen Phase werde »die volle Organisation« aller Triebe (und nicht nur von Teiltrieben) bewirkt.

Freud faßt die Sexualität als Teil der menschlichen Befindlichkeit auf. Er »humanisiert« die Sexualität. Zugleich stellt er die Aufgaben heraus, mit allen Trieben zu leben, diese zu organisieren und diese zuspitzen zu lernen.

In den genannten Punkten spricht Freud ganz in der Logik des Stiers. Dabei kommt die Venus, die Doppelfunktion von Sinnen und Sinn gut zum Tragen: Einerseits wird die Macht der Sinne betont, und manch hochgeistige Theorie wird auf naheliegende Triebe und Bedürfnisse zurückgeführt. Auf der anderen Seite steht die Notwendigkeit des *einen* Sinns, der persönlichen Ganzheit, im Mittelpunkt. Indem wir lernen, unsere Triebe und Bedürfnisse ernstzunehmen, diese zu entwickeln und auf einen Brennpunkt zu konzentrieren, gelangen wir in die Lage, alle Energien eines Augenblicks auf einen Punkt zu bringen – in jedem Bereich unseres Lebens.

Das Wechselspiel der Übertragung

Zum Stier als Brückenbauer (vgl. S. 62) paßt sehr gut der Vorgang der *Übertragung*, den Sigmund Freud so benannt und als einen wesentlichen, vielleicht als den entscheidenden Faktor der neueren Psychologie herauskristallisiert hat.

Der Begriff der Übertragung bedeutet im Ergebnis, daß in jeder Alltagssituation alte und uralte Inhalte des Seelenlebens anhand von aktuellen Anlässen wiedererweckt und zum Vorschein kommen können (sofern sie noch nicht erledigt waren). Alles, was in einem gegebenen Augenblick geschieht, kann sowohl eine konkrete aktuelle Bedeutung besitzen wie auch einen *übertragenen* Inhalt, der gar nicht aus der jetzigen Situation stammt, sondern in diese aus alten innerseelischen Verhältnissen hineingetragen wird.

In der Konsequenz gibt es nichts und niemand mehr auf der Welt, das für den einzelnen nicht ein Sinnbild seiner individuellen seelischen Erfahrungen verkörpern kann. Durch die Übertragung wird das persönliche Traumgeschehen gleichsam zum potentiellen Brennspiegel der Weltgeschichte und jedes einzelne Ereignis in der Außenwelt möglicherweise zum Bezugspunkt, indem die inneren Träume von einzelnen oder vielen Menschen sich wiederfinden.

Es liegt demnach weniger an der Raffiniertheit von

Erfindungen der Deutungskunst, wenn die Traumdeutung oftmals verschlungene Pfade gehen muß. Es ist vielmehr die Komplexität der »Weltgeschichte«, die ihren inneren, seelischen Niederschlag hier findet. Deshalb ist es unumgänglich in der Traumdeutung wie in anderen Fragen des Alltagslebens, eigene Deutungen sich zu erarbeiten.

Die vielfältigen Prüfungen, Betrachtungen und Überlegungen, die man anstellen muß, bis einer/m die eigenen Träume klar werden, sind Methoden der persönlichen Selbstwerdung. Beachten Sie dabei auch die folgenden Gesichtspunkte:

Umkehrungen und Vertauschungen gehören generell zum Traumgeschehen. Sie bedeuten, daß jeder erdenkliche Zusammenhang in verkehrter Proportion, in vertauschter Abfolge oder verwechselter Wirkungsrichtung auftauchen kann. Der Täter erscheint z. B. als Opfer, oder der Mittelpunkt am Rande, der Hintergrund im Vordergrund, die Zukunft in der Vergangenheit usw. Eine bekannte Szenerie nimmt eine völlig unbekannte Bedeutung an – Vertrautes findet unter unmöglichen Umständen statt usw. usw.

Personentausch ist ein zentrales Element der Traumbildung. Jede Person, die im Traum auftritt, kann
- die sein, für die sie sich ausgibt bzw. als die sie im Traum angesehen wird, oder
- eine Darstellungsform der eigenen Person der Träumerin oder des Träumers sein oder
- eine dritte Person vertreten oder
- etwas Unpersönliches verkörpern.

Selbst wenn diese Person im Traum ein bekannter Mitmensch ist (Partnerin, Kind, Kollege), kann diese Traumperson dennoch eine Art Verkleidung für die Person der/des Träumenden sein oder an jemand ganz anderen erinnern oder Unpersönliches – z. B. eine Idee – zur Vorstellung bringen.

Personalauswahl. Achten Sie einmal darauf, über eine gewisse Zeit hinweg, wer in Ihren Träumen erscheint. – Sehen Sie sich selbst in voller Lebensgröße in Ihren Träumen? – Wenn sich in Träumen Unangenehmes häuft, wer tritt dabei vorzugsweise auf? Wenn Schönes sich im Traum ereignen, welche Personen sind da?

Zeitverschiebungen. Jede/r kann sich selbst als Kind, Erwachsene/r und Greis/in im Traum begegnen. Jedes Alter kann im Traum der Gegenwart entsprechen.

Ortsveränderungen. Jede/r kann sich an jedem Ort, von dem er/sie überhaupt Kenntnis hat, im Traum wiederfinden. Jeder Ort im Traum kann symbolisch der tatsächlichen Lage und dem momentanen Standpunkt der/des Träumers/in entsprechen.

Belebung von Unbelebtem. Was die Märchen und der Computer-Bildschirm können – Unbelebtes zum Leben animieren, das machen die Träume wie selbstverständlich auch. Dinge sprechen oder schweigen beredt. Räume erzeugen Spannungsfiguren usw. Ferner hängt mit der Animation von Unbelebtem auch eine Auflösung der üblichen Eigenschaftsmerkmale von allem Möglichen zusammen. Farben erzeugen dann z. B. Klänge, Worte verströmen Gerüche, Pferde beginnen zu fliegen, Fische zu laufen und Vögel zu schwimmen.

Träume als Botschaften

Für das selbständige Verständnis Ihrer Träume (und wenn es nötig ist: auch für die Distanz zu ihnen) sollen folgende Tips und Regeln vorgeschlagen werden.

Alles ist wichtig, so lautet ein erster Grundsatz. Aufmerksam jedes Detail, jeden Zusammenhang beachten. Woran erinnern Sie sich nach dem Traum? Was fühlen Sie im Moment des Gewahrwerdens? Vergessen Sie erst einmal jede Bewertung. Hauptsache, Sie sehen in Ihrer Vorstellung einigermaßen zutreffend das vor sich, wovon Sie wohl geträumt haben. Hauptsache, Ihr Gefühl und Ihre Empfindungen finden im halb- oder ganzwachen Zustand die Bilder, Eindrücke und Abläufe aus Ihren Träumen wieder.

Führen Sie die Kamera. Sobald Sie Ihre Traumbilder genügend deutlich vor Ihrem geistigen Auge sehen, gehen Sie in die einzelnen Bilder hinein. Stellen Sie sich vor, Sie seien ein Beleuchteter, der eine Szene nach unterschiedlichen Richtungen ausleuchtet, oder eine Kamerafrau, die die Szene nacheinander von mehreren Standpunkten aus betrachten kann.

Achten Sie auf Ihre Beobachtungen. Oft passieren in einer Traumsequenz mehrere Handlungen zugleich. Unterschiedliche Argumente, Ereignisse, Gefühle und Taten können gleichzeitig wirken. Versuchen Sie zu unterscheiden. Halten Sie fest, was für Sie wichtig erscheint.

Seien Sie ehrlich sich selber gegenüber. Legen Sie sich Zeugnis davon ab, was Sie im Traum gesagt und getan, gespürt und gedacht haben. Alles ist wichtig. Keine/r kennt Ihren Traum außer Ihnen. Stellen Sie für sich fest, was (Traum-)Sache ist.

Drücken Sie den Ablauf eines Traumes in Ihren Worten aus. Sagen (oder schreiben) Sie sich in Worten und Sätzen die Traumgeschichte auf. Wenn es sein muß, kurz. Aber verzichten Sie nicht darauf.

Speichern Sie Ihren Traum. Merken Sie sich nun Ihren Traum mit seinen Bildern und Eindrücken, mit seinen verschiedenen Szenen und Ihren Beobachtungen. Merken Sie sich die Traumgeschichte, wie Sie sich auch eine Einkaufsliste merken.

Legen Sie Abstand zu Ihrem Traum ein. Sie kennen jetzt Ihren Traum. Stellen Sie sich vor, irgendein guter Freund oder eine gute Freundin hätte ihn just Ihnen erzählt. Wie würden Sie darüber urteilen? Was denken Sie, und was tun Sie unterdessen?

Sammeln Sie Ideen zur Bewertung. Bevor Sie den Traum bewerten, sammeln Sie Ideen, welche Bedeutungen hier vernünftiger- und verrückterweise zutreffen können.

Versuchen Sie die Logik oder Unlogik zu verstehen. Wenn der Traum insgesamt – mit seinen verschiedenen Teilen, Brüchen oder Widersprüchen – einen Sinn oder auch einen bestimmten Unsinn darstellen soll, worin kann diese Logik oder Unlogik bestehen?

Entscheiden Sie sich für eine geeignete Interpretation.
Kommen Sie zu einer Entscheidung. Was unklar bleibt,
darf unklar bleiben. Nur merken sollten Sie sich dieses.
Gibt es mehrere stimmige Interpretationen, merken Sie
sich diese Stück für Stück, und legen Sie ihre nächsten
Schritte fest.

Sagen Sie sich Ihre Interpretation. Leise oder laut –
sprechen Sie Ihr Urteil unzweideutig aus.

*Stellen Sie (zwei) Aufgaben fest, die sich aus der Inter-
pretation ergeben.* Formulieren Sie diese Aufgaben un-
mißverständlich für sich und beginnen Sie mit der Erledigung.

Geben Sie sich Rechenschaft. Legen Sie sich regelmäßig
Rechenschaft ab – über Ihre Traumbilder und Ihre Beobachtungen dazu. Über Ihre Interpretationen (Bedeu-
tungsvorstellungen) und die Erledigung Ihrer persönlichen Aufgaben.

Beziehen Sie sich auf die Reaktionen von Mitmenschen.
Vergegenwärtigen Sie sich Reaktionen von anderen auf
Ihr Verhalten. Lassen Sie diese Reaktionen gelten und
beziehen Sie sie in Ihre Selbst-Rechenschaft mit ein.

*Beziehen Sie sich auf Ihre sonstigen Träume und Ihre
Überzeugungen.* Beziehen Sie sich bei Interpretation,
Anwendung und Überprüfung (Rechenschaft) auf Ihre
früheren oder sonstigen Auffassungen.

Beziehen Sie sich auf Ihre Wünsche und Ängste. Leiden
Sie und lachen Sie. Es tut gut, wenn man weiß, warum

man arbeitet und warum man träumt: Um aus vollem Herzen Mensch zu sein. – Erledigen Sie Ihre Aufgaben. Und bleiben Sie Ihren Träumen treu.

Der Zauber in den Dingen

Märchen für kritische Stier-Naturen

Zu Beginn des Märchenkapitels einige Worte an den Stier in uns allen zu der Frage, warum Märchen – was bringen sie für Erwachsene?

Märchen wurden in Mitteleuropa »ursprünglich«, d.h. bis sie etwa um 1800 gesammelt und aufgeschrieben wurden, weitaus mehr *für Erwachsene* als für Kinder erzählt. Daß die Brüder Grimm viel Mühe nicht nur in die Sammlung, sondern auch in die Bearbeitung und manchmal auch in die Entschärfung der Märchen gelegt haben, hat – zusammen mit dem Titel der »Kinder- und Hausmärchen« – zu dem Eindruck beigetragen, Märchen seien vornehmlich Kindern zugedacht. Doch dieser Eindruck täuscht.

Die Arbeit der Brüder Grimm muß auch so verstanden werden, daß mittels der Märchensammlung erstmals »*Kindheitserfahrungen und Hausintimitäten*« eine literarische und sprachliche Bedeutung erhielten. Wie das Volk zur gleichen Zeit um seine Rechte und die Deutschen um ihre nationale Existenz kämpften, so drückt das Lebenswerk der Brüder Grimm *auch* ein Ringen um kulturelle Identität, um freien Atem und freie Rede aus. Dafür nahmen Jacob und Wilhelm Grimm u.a. in Kauf, daß sie wegen Teilnahme am Protest der »Göttinger Sieben« amtsenthoben und ausgewiesen wurden.

Märchen, bis dato nicht druckfähig und in der

Schriftwelt daher *sprachlos*, bekamen ein Sprachrohr. Wie die einfachen Stände im 19. Jahrhundert zunehmend Bildung und Wissenschaft für sich einforderten und erwarben, so war die Sammlung und Veröffentlichung der Märchen *auch* ein Akt der Emanzipation.

Märchen heute schlagen nun eine Brücke in die Zeit zurück, die im Sinne der Schrift- und Kulturwelt sprachlos war. Dieser Zusammenhang gilt für die Historie der Gesellschaft, aber ebenso für die individuelle Geschichte. Auch persönlich gab es und gibt es »sprachlose« Zeiten – namentlich für den Stier –, und in diese und durch diese begleiten uns die Märchen.

Wichtig ist es, Märchen zu *erleben*: Die Texte zu lesen, sie laut zu erzählen und mit anderen zu teilen.

Viele Erwachsene empfinden es als eine große Bereicherung, über Märchen Gefühle in sich wiederzuspüren, die ihnen lange schon abhanden gekommen schienen: Tieftraurig sein zu können und von Herzen froh!

Der Stier neigt stärker als andere Tierkreiszeichen dazu, »kindische« Bedürfnisse entweder kategorisch abzulehnen oder ihnen auf ewig verhaftet zu bleiben. Für beide Rigorositäten ist eine neue Begegnung mit den Märchen als Erwachsene eine hilfreiche Sache. Gefühle und tiefere Empfindungen bekommen einen Platz im Alltag. Zugleich wird dadurch eine veränderte Herangehensweise möglich, ein *Verständnis* davon, was bestimmte Märchen sagen. Und dieses Verstehen macht wiederum das persönliche Selbstverständnis klarer und schenkt ein *doppeltes Vergnügen* an den Märchen, das Herz und Geist befriedigt und das man als Kind gar nicht kannte.

Im folgenden lesen Sie das Märchen vom »Tischchen deck dich…«. Es ist nicht das einzige, was gut zum Typus des astrologischen Stieres paßt. »Hänsel und Gretel« kämen zum Beispiel ohne weiteres auch in Frage. Der schwache Vater und die dominierende Mutter wären da zu benennen. Die Hexe im Wald, die auch die Mutter darstellt, aber auch einen Teil der Gretel verkörpert, wäre eine Matriarchatsgeschichte und das »Knusperhäuschen« ein Bild des Eingemachten. Daß dann »himmlischer Wind« ins Geschehen kommt (Luft – Geist – Begeisterung!) und nicht Hänsel geopfert, sondern die alte Form der Mutter (Erde) ins Feuer gestoßen wird, wäre ein Ereignis der »Menschwerdung«. Beide Kinder, beide Geschlechter treten einander gegenüber und finden ihren Platz nebeneinander.

Weil dem astrologischen Stier auch der Bär als Symboltier zugeordnet wird, kommen ferner einschlägige Bären-Märchen für die Deutung des Stier-Typus' in Betracht. Also etwa »Schneeweißchen und Rosenrot«. (Was für den Bären, gilt auch für den Elefanten, für den es zwar kein Grimm'sches Märchen, aber interessante Fabeln gibt. So die Geschichte, in der Elefant und Maus ihre Größe tauschen.)

Das folgende Märchen wurde ausgewählt, weil es nach Überzeugung des Verfassers besonders treffend vom astrologischen Stier erzählt. Am Beispiel dieses Märchens sollen weitere typische Eigenarten des Stiers verdeutlicht werden. Stellen Sie sich bei jeder Figur, die im Märchen auftaucht, einmal vor, Sie wären – aus gutem Grund – gerade diese Person oder dieses Tier.

Tischchen deck dich, Goldesel und
Knüppel aus dem Sack

Vor Zeiten war ein Schneider, der hatte drei Söhne und nur eine einzige Ziege. Aber die Ziege, weil sie alle zusammen mit ihrer Milch ernährte, mußte ihr gutes Futter haben und täglich hinaus auf die Weide geführt werden. Die Söhne taten das auch nach der Reihe. Einmal brachte sie der älteste auf den Kirchhof, wo die schönsten Kräuter standen, ließ sie da fressen und herumspringen. Abends, als es Zeit war heimzugehen, fragte er: »Ziege, bist du satt?« Die Ziege antwortete:

»Ich bin so satt,

Ich mag kein Blatt: meh! meh!«

»So komm nach Haus«, sprach der Junge, faßte sie am Strickchen, führte sie in den Stall und band sie fest. »Nun«, sagte der alte Schneider, »hat die Ziege ihr gehöriges Futter?« – »Oh«, antwortete der Sohn, »die ist so satt, sie mag kein Blatt.« Der Vater aber wollte sich selbst überzeugen, ging hinab in den Stall, streichelte das liebe Tier und fragte: »Ziege, bist du auch satt?« Die Ziege antwortete:

»Wovon sollt ich satt sein?

Ich sprang nur über Gräbelein

Und fand kein einzig Blättelein: meh! meh!«

»Was muß ich hören!« rief der Schneider, lief hinauf und sprach zu dem Jungen: »Ei, du Lügner, sagst, die Ziege wäre satt, und hast sie hungern lassen?« Und in seinem Zorn nahm er die Elle von der Wand und jagte ihn mit Schlägen hinaus.

Am anderen Tag war die Reihe am zweiten Sohn, der suchte an der Gartenhecke einen Platz aus, wo lauter gute Kräuter standen, und die Ziege fraß sie rein ab. Abends, als er heim wollte, fragte er: »Ziege, bist du satt?« Die Ziege antwortete:

»Ich bin so satt,
Ich mag kein Blatt: meh! meh!«

»So komm nach Haus«, sprach der Junge, zog sie heim und band sie im Stalle fest. »Nun«, sagte der alte Schneider, »hat die Ziege ihr gehöriges Futter?« – »Oh«, antwortete der Sohn, »die ist so satt, sie mag kein Blatt.« Der Schneider wollte sich darauf nicht verlassen, ging hinab in den Stall und fragte: »Ziege, bist du auch satt?« Die Ziege antwortete:

»Wovon sollt ich satt sein?
Ich sprang nur über Gräbelein
Und fand kein einzig Blättelein: meh! meh!«

»Der gottlose Bösewicht!« schrie der Schneider, »so ein frommes Tier hungern zu lassen«, lief hinauf und schlug mit der Elle den Jungen zur Haustüre hinaus.

Die Reihe kam jetzt an den dritten Sohn, der wollte seine Sache gut machen, suchte Buschwerk mit dem schönsten Laube aus und ließ die Ziege daran fressen. Abends, als er heim wollte, fragte er: »Ziege, bist du auch satt?« Die Ziege antwortete:

»Ich bin so satt,
Ich mag kein Blatt: meh! meh!«

»So komm nach Haus«, sagte der Junge, führte sie in den Stall und band sie fest. »Nun«, sagte der alte Schneider, »hat die Ziege ihr gehöriges Futter?« – »Oh«, antwortete der Sohn, »die ist so satt, sie mag kein Blatt.« Der Schneider traute nicht, ging hinab und fragte: »Ziege, bist du satt?« Das boshafte Tier antwortete:

»Wovon sollt ich satt sein?
Ich sprang nur über Gräbelein
Und fand kein einzig Blättelein: meh! meh!«

»O die Lügenbrut!« rief der Schneider, »einer so gottlos und pflichtvergessen wie der andere! Ihr sollt mich nicht länger zum Narren haben!« Und vor Zorn ganz außer sich sprang er hinauf und gerbte dem armen Jungen mit der Elle den Rücken so gewaltig, daß er zum Haus hinaus sprang.

Der alte Schneider war nun mit seiner Ziege allein. Am anderen Morgen ging er hinab in den Stall, liebkoste die Ziege und sprach: »Komm, mein liebes Tierlein, ich will dich selbst zur Weide führen.« Er nahm sie am Strick und brachte sie zu grünen Hecken und unter Schafrippe und was sonst die Ziegen gerne fressen. »Da kannst du dich einmal nach Herzenslust sättigen«, sprach er zu ihr und ließ sie weiden bis zum Abend. Da fragte er: »Ziege, bist du satt?« Sie antwortete:

»Ich bin so satt, ich mag kein Blatt: meh! meh!«

»So komm nach Haus«, sagte der Schneider, führte sie in den Stall und band sie fest. Als er wegging, kehrte er sich noch einmal um und sagte: »Nun bist du doch einmal satt!« Aber die Ziege macht es ihm nicht besser und rief:

»Wovon sollt ich satt sein?

Ich sprang nur über Gräbelein

Und fand kein einzig Blättelein: meh! meh!«

Als der Schneider das hörte, stutzte er und sah wohl, daß er seine drei Söhne ohne Ursache verstoßen hatte. »Wart'«, rief er, »du undankbares Geschöpf, dich fortzu-jagen, ist noch zu wenig; ich will dich zeichnen, daß du dich unter ehrbaren Schneidern nicht mehr darfst sehen lassen.« In einer Hast sprang er hinauf, holte sein Bart-messer, seifte der Ziege den Kopf ein und schor sie so glatt wie seine flache Hand. Und weil die Elle zu ehrenvoll ge-wesen wäre, holte er die Peitsche und versetzte ihr solche Hiebe, daß sie in gewaltigen Sprüngen davonlief.

Der Schneider, als er so ganz einsam in seinem Hause saß, verfiel in große Traurigkeit und hätte seine Söhne gerne wieder gehabt, aber niemand wußte, wo sie hingeraten waren. Der älteste war zu einem Schreiner in die Lehre gegangen; da lernte er fleißig und unverdrossen, und als seine Zeit herum war, daß er wandern sollte, schenkte ihm der Meister ein Tischchen, das gar kein besonderes Ansehen hatte und von gewöhnlichem Holz war; aber es hatte eine gute Eigenschaft. Wenn man es hinstellte und sprach: »Tischchen, deck dich«, so war das gute Tischchen auf einmal mit einem sauberen Tüchlein bedeckt, und da stand ein Teller, und Messer und Gabel daneben, und Schüsseln mit Gesottenem und Gebratenem, so viel Platz hatten, und ein großes Glas mit rotem Wein leuchtete, daß einem das Herz lachte. Der junge Geselle dachte: Damit hast du genug für dein Lebtag, zog guter Dinge in der Welt umher und bekümmerte sich gar nicht darum, ob ein Wirtshaus gut oder schlecht und ob etwas darin zu finden war oder nicht. Wenn es ihm gefiel, so kehrte er gar nicht ein, sondern im Felde, im Wald, auf einer Wiese, wo er Lust hatte, nahm er sein Tischchen vom Rücken, stellte es vor sich und sprach: »Deck dich«, so war alles da, was sein Herz begehrte. Endlich kam es ihm in den Sinn, er wollte zu seinem Vater zurückkehren, sein Zorn würde sich gelegt haben, und mit dem Tischchen deck dich würde er ihn gerne wieder aufnehmen.

Es trug sich zu, daß er auf dem Heimweg abends in ein Wirtshaus kam, das mit Gästen angefüllt war; sie hießen ihn willkommen und luden ihn ein, sich zu ihnen zu setzen und mit ihnen zu essen, sonst würde er schwerlich noch etwas bekommen. »Nein«, antwortete der Schreiner, »die paar Bissen will ich euch nicht vor dem Munde nehmen, lieber sollt ihr meine Gäste sein.« Sie lachten und meinten, er triebe seinen Spaß mit ihnen. Er aber stellte sein hölzernes Tischchen mitten in die Stube und sprach: »Tischchen, deck dich!« Augenblicklich war es mit Speisen besetzt, so gut, wie sie der Wirt nicht hätte herbeischaffen können und wovon der Geruch den Gästen lieblich in die Nase stieg. »Zugegriffen, liebe Freunde«, sprach der Schreiner, und die Gäste, als sie sahen, wie es gemeint war, ließen sich nicht zweimal bitten, rückten heran, zogen ihre Messer und griffen tapfer zu. Und was sie am meisten verwunderte, wenn eine Schüssel leer geworden war, so stellte sich gleich von selbst eine volle an ihren Platz. Der Wirt stand in einer Ecke und sah dem Dinge zu; er wußte gar nicht, was er sagen sollte, dachte aber: Einen solchen Koch könntest du in deiner Wirtschaft wohl brauchen. Der Schreiner und seine Gesellschaft waren lustig bis in die späte Nacht, endlich legten sie sich schlafen, und der junge Geselle ging auch zu Bett und stellte sein Wünschtischchen an die Wand.

Dem Wirt aber ließen seine Gedanken keine Ruhe; es fiel ihm ein, daß in seiner Rumpelkammer ein altes Tischchen stände, das gerade so aussähe; das holte er ganz sachte herbei und vertauschte es mit dem Wünschtischchen. Am anderen Morgen zahlte der Schreiner sein Schlafgeld, packte sein Tischchen auf, dachte gar nicht daran, daß er ein falsches hätte, und ging seiner Wege. Zu Mittag kam er bei seinem Vater an, der ihn mit großer Freude empfing. »Nun, mein lieber Sohn, was hast du gelernt?« sagte er zu ihm. »Vater, ich bin ein Schreiner geworden.« – »Ein gutes Handwerk«, erwiderte der Alte, »aber was hast du von deiner Wanderschaft mitgebracht?« – »Vater, das Beste, was ich mitgebracht habe, ist das Tischchen.« Der Schneider betrachtete es von allen Seiten und sagte: »Daran hast du kein Meisterstück ge-

macht, das ist ein altes und schlechtes Tischchen.« –
»Aber es ist ein Tischchen deck dich«, antwortete der
Sohn, »wenn ich es hinstelle und sage ihm, es sollte sich
decken, so stehen gleich die schönsten Gerichte darauf
und ein Wein dabei, der das Herz erfreut. Ladet nur alle
Verwandten und Freunde ein, die sollen sich einmal laben
und erquicken, denn das Tischchen macht sie alle satt.«
Als die Gesellschaft beisammen war, stellte er sein Tischchen mitten in die Stube und sprach: »Tischchen, deck
dich.« Aber das Tischchen regte sich nicht und blieb so
leer, wie ein anderer Tisch, der die Sprache nicht versteht.
Da merkte der arme Geselle, daß ihm das Tischchen vertauscht war, und schämte sich, daß er wie ein Lügner da-
stand. Die Verwandten aber lachten ihn aus und mußten
ungetrunken und ungegessen wieder heimwandern. Der
Vater holte seine Lappen wieder herbei und schneiderte
fort, der Sohn aber ging bei einem Meister in die Arbeit.

Der zweite Sohn war zu einem Müller gekommen und
bei ihm in die Lehre gegangen. Als er seine Jahre herum
hatte, sprach der Meister: »Weil du dich so wohl gehalten
hast, so schenke ich dir einen Esel von einer besonderen
Art; er zieht nicht am Wagen und trägt auch keine Säcke.«
– »Wozu ist er denn nütze?« fragte der junge Geselle. »Er
speit Gold«, antwortete der Müller, »wenn du ihn auf ein
Tuch stellst und sprichst ›Bricklebrit‹, so speit dir das gute
Tier Goldstücke aus, hinten und vorn.« – »Das ist eine
schöne Sache«, sprach der Geselle, dankte dem Meister
und zog in die Welt. Wenn er Gold nötig hatte, brauchte er
nur seinem Esel »Bricklebrit« zu sagen, so regnete es
Goldstücke, und er hatte weiter keine Mühe, als sie von
der Erde aufzuheben. Wo er hinkam, war ihm das Beste
gut genug und je teurer, je lieber, denn er hatte immer
einen vollen Beutel. Als er sich eine Zeitlang in der Welt

umgesehen hatte, dachte er: Du mußt deinen Vater aufsuchen; wenn du mit dem Goldesel kommst, so wird er seinen Zorn vergessen und dich gut aufnehmen.

Es trug sich zu, daß er in dasselbe Wirtshaus geriet, in welchem seinem Bruder das Tischchen vertauscht war. Er führte seinen Esel an der Hand, und der Wirt wollte ihm das Tier abnehmen und anbinden, der junge Geselle aber sprach: »Gebt Euch keine Mühe, meinen Grauschimmel führe ich selbst in den Stall und binde ihn auch selbst an, denn ich muß wissen, wo er steht.« Dem Wirt kam das wunderlich vor, und er meinte, einer, der seinen Esel selbst besorgen müßte, hätte nicht viel zu verzehren. Als aber der Fremde in die Tasche griff, zwei Goldstücke herausholte und sagte, er sollte nur was Gutes für ihn einkaufen, so machte er große Augen, lief und suchte das Beste, das er auftreiben konnte. Nach der Mahlzeit fragte der Gast, was er schuldig wäre; der Wirt wollte die doppelte Kreide nicht sparen und sagte, ein paar Goldstücke müßte er zulegen. Der Geselle griff in die Tasche, aber sein Gold war eben zu Ende. »Wartet einen Augenblick, Herr Wirt«, sprach er, »ich will nur gehen und Gold holen«, nahm aber das Tischtuch mit. Der Wirt wußte nicht, was das heißen sollte, war neugierig, schlich ihm nach, und da der Gast die Stalltüre zuriegelte, so guckte er durch ein Astloch. Der Fremde breitete unter dem Esel das Tuch, rief »Bricklebrit«, und augenblicklich fing das Tier an, Gold zu speien von hinten und von vorn, daß es ordentlich auf die Erde herabregnete. »Ei der tausend«, sagte der Wirt, »da sind die Dukaten bald geprägt! So ein Geldbeutel ist nicht übel!«

Der Gast bezahlte seine Zeche und legte sich schlafen, der Wirt aber schlich in der Nacht herab in den Stall, führte den Münzmeister weg und band einen anderen Esel an seine Stelle. Den folgenden Morgen in der Frühe zog der Geselle mit seinem Esel ab und meinte, er hätte seinen Goldesel. Mittags kam er bei seinem Vater an, der sich freute, als er ihn wiedersah, und ihn gerne aufnahm. »Was ist aus dir geworden, mein Sohn?« fragte der Alte. »Ein Müller, lieber Vater«, antwortete er. »Was hast du von deiner Wanderschaft mitgebracht?« – »Weiter nichts als einen Esel.« – »Esel gibt's hier genug«, sagte der Vater, »da wäre mir doch eine gute Ziege lieber gewesen.« – »Ja«, antwortete der Sohn, »aber es ist kein gemeiner Esel, sondern ein Goldesel. Wenn ich sage ›Bricklebrit‹, so speit Euch das gute Tier ein ganzes Tuch voll Goldstücke. Laßt nur alle Verwandte herbeirufen, ich mache sie alle zu reichen Leuten.« – »Das laß ich mir gefallen«, sagte der Schneider, »dann brauch ich mich mit der Nadel nicht weiter zu quälen«, sprang selbst fort und rief die Verwandten herbei. Sobald sie beisammen waren, hieß sie der Müller Platz machen, breitete sein Tuch aus und brachte den Esel in die Stube. »Jetzt gebt acht«, sagte er und rief »Bricklebrit«, aber es waren keine Goldstücke, was herabfiel, und es zeigte sich, daß das Tier nichts von der Kunst verstand, denn es bringt's nicht jeder Esel so weit. Da machte der arme Müller ein langes Gesicht, sah, daß er betrogen war, und bat die Verwandten um Verzeihung, die so arm heimgingen, als sie gekommen waren. Es blieb nichts übrig, der Alte mußte wieder nach der Nadel greifen und der Junge sich bei einem Müller verdingen.

Der dritte Bruder war zu einem Drechsler in die Lehre gegangen, und weil es ein kunstreiches Handwerk ist, mußte er am längsten lernen. Seine Brüder aber meldeten ihm in einem Brief, wie schlimm es ihnen ergangen wäre und wie sie der Wirt noch am letzten Abend um ihre schönen Wünschdinge gebracht hätte. Als der Drechsler ausgelernt hatte und wandern sollte, so schenkte ihm sein Mei-

ster, weil er sich so wohl gehalten, einen Sack und sagte:
»Es liegt ein Knüppel darin.« — »Den Sack kann ich um-
hängen, und er kann mir gute Dienste leisten, aber was soll
der Knüppel darin? Der macht ihn nur schwer.« — »Das
will ich dir sagen«, antwortete der Meister, »hat dir jemand etwas zuleid getan, so sprich nur ›Knüppel aus dem
Sack‹, so springt dir der Knüppel heraus unter die Leute
und tanzt ihnen so lustig auf dem Rücken herum, daß sie
sich acht Tage lang nicht regen und bewegen können; und
eher läßt er nicht ab, als bis du sagst ›Knüppel, in den
Sack‹.« Der Gesell dankte ihm, hing den Sack um, und
wenn ihm jemand zu nahe kam und auf den Leib wollte, so
sprach er: »Knüppel, aus dem Sack«, alsbald sprang der
Knüppel heraus und klopfte einem nach dem andern den
Rock oder Wams gleich auf dem Rücken aus und wartete
nicht erst, bis er ihn ausgezogen hatte; und das ging so
geschwind, daß, eh sich's einer versah, die Reihe schon an
ihm war. Der junge Drechsler langte zur Abendzeit in dem
Wirtshaus an, wo seine Brüder waren betrogen worden.
Er legte seinen Ranzen vor sich auf den Tisch und fing an
zu erzählen, was er alles Merkwürdiges in der Welt gesehen habe. »Ja«, sagte er, »man findet wohl ein Tischchen
deck dich, einen Goldesel und dergleichen: lauter gute
Dinge, die ich nicht verachte; aber das ist alles nichts gegen den Schatz, den ich mir erworben habe und mit mir da
in meinem Sack führe.« Der Wirt spitzte die Ohren: Was
in aller Welt mag das sein? dachte er, der Sack ist wohl mit
lauter Edelsteinen angefüllt; den sollte ich billig auch noch
haben, denn aller guten Dinge sind drei.

Als Schlafenszeit war, streckte sich der Gast auf die
Bank und legte seinen Sack als Kopfkissen unter. Der
Wirt, als er meinte, der Gast läge in tiefem Schlaf, ging
herbei, rückte und zog ganz sachte und vorsichtig an dem

Sack, ob er ihn vielleicht wegziehen und einen andern unterlegen könnte. Der Drechsler aber hatte schon lange darauf gewartet; wie nun der Wirt eben einen herzhaften Ruck tun wollte, rief er: »Knüppel, aus dem Sack.« Alsbald fuhr das Knüppelchen heraus, dem Wirt auf den Leib, und rieb ihm die Nähte, daß es eine Art hatte. Der Wirt schrie zum Erbarmen, aber je lauter er schrie, desto kräftiger schlug der Knüppel ihm den Takt dazu auf dem Rücken, bis er endlich erschöpft zur Erde fiel. Da sprach der Drechsler: »Wenn du das Tischchen deck dich und den Goldesel nicht wieder herausgibst, so soll der Tanz von neuem angehen.« – »Ach nein«, rief der Wirt ganz kleinlaut, »ich gebe alles gerne wieder heraus, laßt nur den verwünschten Kobold wieder in den Sack kriechen.« Da sprach der Geselle: »Ich will Gnade für Recht ergehen lassen, aber hüte dich vor Schaden!« Dann rief er: »Knüppel, in den Sack!« und ließ ihn ruhen.

Der Drechsler zog am andern Morgen mit dem Tischchen deck dich und dem Goldesel heim zu seinem Vater. Der Schneider freute sich, als er ihn wieder sah, und fragte auch ihn, was er in der Fremde gelernt hätte. »Lieber Vater«, antwortete er, »ich bin ein Drechsler geworden.« – »Ein kunstreiches Handwerk«, sagte der Vater, »was hast du von deiner Wanderschaft mitgebracht?« – »Ein kostbares Stück, lieber Vater«, antwortete der Sohn, »einen Knüppel in dem Sack.« – »Was!« rief der Vater, »einen Knüppel! Das ist der Mühe wert! Den kannst du dir von jedem Baume abhauen.« – »Aber einen solchen nicht, lieber Vater: sage ich ›Knüppel, aus dem Sack‹, so springt der Knüppel heraus und macht mit dem, der es nicht gut mit mir meint, einen schlimmen Tanz und läßt nicht eher nach, als bis er auf der Erde liegt und um gut Wetter bittet. Seht Ihr, mit diesem Knüppel habe ich das Tischchen deck dich und den Goldesel wieder herbeigeschafft, die der diebische Wirt meinen Brüdern abgenommen hatte. Jetzt laßt sie beide rufen und ladet alle Verwandten ein, ich will sie speisen und tränken und will ihnen die Taschen noch mit Gold füllen.« Der alte Schneider wollte nicht recht trauen, brachte aber doch die Verwandten zusammen. Da deckte der Drechsler ein Tuch in die Stube, führte den Goldesel herein und sagte zu seinem Bruder: »Nun, lieber Bruder, sprich mit ihm.« Der Müller sagte: »Bricklebrit«, und augenblicklich sprangen die Goldstücke auf das Tuch herab, als käme ein Platzregen, und der Esel hörte nicht eher auf, als bis sie alle so viel hatten, daß sie nicht mehr tragen konnten. (Ich sehe dir's an, du wärst auch gerne dabei gewesen.) Dann holte der Drechsler das Tischchen und sagte: »Lieber Bruder, nun sprich mit ihm.« Und kaum hatte der Schreiner »Tischchen, deck dich« gesagt, so war es gedeckt und mit den schönsten Schüsseln reichlich besetzt. Da ward eine Mahlzeit gehalten, wie der gute Schneider noch keine in seinem Hause erlebt hatte, und die ganze Verwandtschaft blieb beisammen bis in die Nacht, und alle waren lustig und vergnügt. Der Schneider verschloß Nadel und Zwirn, Elle und Bügeleisen in einen Schrank und lebte mit seinen drei Söhnen in Freude und Herrlichkeit.

Wo aber ist die Ziege hingekommen, die schuld war, daß der Schneider seine drei Söhne fortjagte? Das will ich dir sagen. Sie schämte sich, daß sie einen kahlen Kopf hatte, lief in eine Fuchshöhle und verkroch sich hinein. Als der Fuchs nach Haus kam, funkelten ihm ein paar große Augen aus der Dunkelheit entgegen, daß er erschrak und wieder zurücklief. Der Bär begegnete ihm, und da der Fuchs ganz verstört aussah, so sprach er: »Was ist dir, Bruder Fuchs, was machst du für ein Gesicht?« – »Ach«, antwortete der Rote, »ein grimmig Tier sitzt in meiner Höhle und hat mich mit feurigen Augen angeglotzt.« – »Das wollen wir bald austreiben«, sprach der Bär, ging mit zu der Höhle und schaute hinein; als er aber die feurigen Augen erblickte, wandelte ihn ebenfalls Furcht an: er wollte mit dem grimmigen Tiere nichts zu tun haben und nahm Reißaus. Die Biene begegnete ihm, und da sie merkte, daß es ihm in seiner Haut nicht wohl zumute war, sprach sie: »Bär, du machst ja ein gewaltig verdrießlich Gesicht, wo ist deine Lustigkeit geblieben?« – »Du hast gut reden«, antwortete der Bär, »es sitzt ein grimmiges Tier mit Glotzaugen in dem Hause des Roten, und wir können es nicht herausjagen.« Die Biene sprach: »Du dauerst mich, Bär; ich bin ein armes, schwaches Geschöpf, das Ihr im Wege nicht anguckt, aber ich glaube doch, daß ich euch helfen kann.« Sie flog in die Fuchshöhle, setzte sich der Ziege auf den glatten, geschorenen Kopf und stach sie so gewaltig, daß sie aufsprang, »meh! meh!« schrie und wie toll in die Welt hineinlief; und niemand weiß auf diese Stunde, wo sie hingelaufen ist.

Unstillbarer Hunger

Ist es nicht erstaunlich? Der Schneider und seine Söhne bemühen sich mit Fleiß, eben jene Ziege zu ernähren und zu stärken, die mit ihrer Unersättlichkeit und Unzufriedenheit den Anlaß gibt, der sie aus dem Haus und in alle vier Winde treibt. Die Ziege ist ihre einzige Habe, was auch bedeutet: Unersättlichkeit und Unzufriedenheit sind der einzige Besitz von Herrn Schneider und Söhne. Der Hunger, der unstillbare Hunger danach, einmal wirklich »satt« zu sein, bringt die Ereignisse ins

Laufen. Der Vater verliert die Söhne, die Söhne den Vater und das Zuhause. Die Habgier – auch eine Form des Hungers: nach Besitz – des Wirts bringt die drei Gesellen zunächst noch einmal um die Früchte ihrer Arbeit. Der Hunger droht ihnen also alles zu rauben; und doch ist der Hunger ihr einziges Kapital. So paradox es klingt: Der sehnsüchtige Hunger ist ihre einzige Nahrungsquelle. Sie verhilft ihnen letztlich zur Lehrzeit, zu Essen, Geld und Durchsetzungskraft.

Die Ziege ist ein Zeichen vorherrschender Kargheit, wie auch der Schneiderberuf u. a. Armut bedeutet. Die Erde wirkt für die Personen im Märchen ebenso karg und kahl, wie es bald der geschorene Ziegenkopf ist. Alles Beheimatende, Nährende, Zufriedenstellende fehlt. Keine Mutter. Der Wirt ein Dieb. Die einzige Nahrung ist eben die Ziegenmilch aus Unzufriedenheit und Unersättlichkeit.

Himmel und Hölle

Die Ziege paßt zum Stier als eine Meckerziege, wie auch die Figur des Vaters, der alles selbst noch einmal überprüfen muß und der im Zorn außer sich gerät, typisch für Eigenschaften des Stieres ist. Die Ziege ist fernerhin ein Steinbock-Symbol. Der Steinbock wiederum ist das kardinale (d. h. das beginnende) Zeichen im Element Erde. Im Steinbock liegen die Wurzeln und die Gipfel des Elementes, das auch den Stier prägt. Doch schreitet der astrologische Jahreskreis erst viel später nach dem Stier zum Steinbock vor, d. h. es liegt allgemein in der Natur des Elements Erde, daß ein besonders langer Weg bis zu den eigenen Wurzeln und/oder Gipfeln führt.

Der Stier wird mit den *Folgewirkungen* eines »beginnenden Zeichens« konfrontiert, daß er im nachhinein (im Jahreskreis erst acht Monate später) kennenlernt.

Der Steinbock symbolisiert das Feuer in der Erde, den Erdkern, sowie die Aufgabe, das innere Feuer »den Berg hoch« zu bringen und leuchtende Gipfelerlebnisse wahrzumachen. Das Feuer in der Erde als ein zentrales Steinbock-Symbol bedeutet Himmel oder Hölle. Das Licht in der Dunkelheit (»Der Glanz des Dunklen«) ist einerseits ein Begriff der Erlösung. So wurde und wird es zu Weihnachten gefeiert: Als Weg der Befreiung aus Finsternis und Wildnis. Andererseits ist das Feuer in der Erde das Höllenfeuer, in dem die Schlacken- und Schattenseiten verbrennen wie jene Hexe im Backofen des Knusperhäuschens.

Die innersten Kräfte der Erde werden durch die Ziege hier ins Spiel gebracht und besagen: Der Hunger, der existentielle Hunger, ist eine Urkraft der Erde. Obwohl sie schon *vor* der Geburtsstunde des Stiers vorhanden ist, lernt der Stier sie erst im nachhinein kennen. Wie der Vater und die Söhne, die erst spät erfahren und verstehen, was eigentlich geschehen ist.

Gewollt oder ungewollt, zunächst füttern alle Beteiligten diese Ziege, d. h. den großen Hunger und die wiederkehrende Unzufriedenheit. Bis eines Tages »der Bart ab« ist.

Dann muß dieser Ziege aber auch der Kopf geschoren werden. Die Erdkraft, die durch die Ziege dargestellt wird, muß aus ihrer verborgenen Höhle heraus- und in die Welt getrieben werden, wie die Schlußpassage erzählt. Nichts anderes aber passiert den drei Söhnen: Raus aus dem Fuchsbau und hinein in die Welt. Und wie bei der Ziege, so sorgen die weiteren Ereignisse auch bei ihnen dafür, daß ihnen – sinnbildlich – der Kopf geschoren wird.

Das Haareschneiden bedeutet einen Prozeß der Kultivierung, der im Ergebnis dazu führt, daß die Söhne es lernen, mit den elementaren Kräften der Erde umzugehen: Den Hunger zu stillen und die aufbrausende Wut der Unzufriedenheit in eine produktive Kraft umzuwandeln.

Das magische Tischchen

Das Tischlein deck dich zeigt das Bild einer gastlichen Welt, in der genug für alle da ist. Einer Welt, die (auch) der persönlichen Verfügung bereit steht und in der man überall *zuhause* ist. Einer Welt schließlich, in der man ohne die Sorge, selber zu kurz zu kommen, vorbehaltlos mit anderen teilen kann. Wir müssen uns dieses Bild der Welt aus der Perspektive hungernder, unterernährter Menschen vorstellen, um die Wucht der Verheißung zu begreifen, die in dieser Geschichte steckt.

Das zauberhafte Tischchen gleicht auf den ersten Blick genau dem unergiebigen Tisch aus der Rumpelkammer des Wirts. Was macht den Unterschied aus? Scheinbar ist ein geheimnisvoller Mechanismus dem »richtigen Tischchen« eingebaut oder ein spezieller Trick des Schreinermeisters. Über das verkehrte Tischchen heißt es im Märchen: »Aber das Tischchen regte sich nicht und blieb so leer wie ein anderer Tisch, der die Sprache nicht versteht.«

Das »Wünschtischchen« erinnert an jene spiritistischen Sitzungen, in denen gleichfalls auf die Eigendynamik eines Tisches gerechnet wird. Tatsächlich wird der

Tisch traditionell auch mit Magie in Verbindung gebracht. So stellt es auch die Tarot-Karte »Der Magier« dar. Der Tisch beinhaltet dort als Rechteck auch die Symbolik der vier Himmelsrichtungen bzw. der vier Elemente. (Das gilt ebenso für das Tuch, das später dem Goldesel untergelegt wird.)

Aber die Frage stellt sich neu: Was ist das Besondere, was verhilft dem Zaubertischchen zu seiner Wirkung?

Der erste Sohn weiß es in der Herberge beim Wirt noch nicht. Sonst hätte er den Raub, spätestens am Tage, bemerkt. Der Diebstahl, der ihn erneut um seine Sättigung (und um die Bestätigung im Verwandtenkreis) bringt, erfolgt zunächst unmerklich. Er geschieht in der Nacht, während des Schlafes, also im Unbewußten oder Unbekannten. Der Sohn steht da als Lügner. Er weiß bis dahin nicht, was eigentlich geschieht. Er kennt nicht den Unterschied.

Der unscheinbare Reichtum

Der Esel gilt als störrisches Tier und wird als eigenwillig und triebhaft, etwa bereits in der altrömischen Erzählung »Der goldene Esel«, beschrieben. Der Esel paßt symbolisch insoweit gut zum Stier. Beim Goldesel ist ferner zu beachten, daß aus dem Grau (dem Einerlei, dem Unscheinbaren) das Gold hervorkommt. Das bedeutet soviel wie das sprichwörtliche Gold auf der Straße, das unscheinbar, harmlos oder dreckig aussieht, aber Reichtum ist. Die Symbolik der Münzen haben wir bereits kennengelernt: Sie stellen die persönlichen Talente dar, aktive und passive Gestaltungen und Prägungen. Es gibt also etwas Unscheinbares, Graues, das produktiv und bereichernd ist. Was unterscheidet nun dieses, den Zauberesel, vom unbedeutenden Grauesel, von dessen Produkten es heißt: »Aber es waren keine Goldstücke, was herabfiel«?

Der Knüppel aus dem Sack

Langsam nähern wir uns des Rätsels Lösung. Zuerst fällt auf, daß die Söhne eine Wende vorbereitet haben. Sie haben einen Brief geschrieben bzw. zur Kenntnis erhalten. Damit treten die drei Söhne untereinander in Verbindung. Sie organisieren ihre Interessen. Sie melden sich überhaupt zu Wort und erheben Ansprüche. Dabei schaffen sie Verbindungen und Gemeinsamkeiten, und diese sind zugleich auch eine Voraussetzung dafür, persönliche Unterschiede überhaupt feststellen zu können.

Der Knüppel aus dem Sack stellt die *Elle*, das eigene Maß, den persönlichen Maßstab dar. Er ist Phallussymbol. Er ist die Kraft, die zuvor sich in Hunger und Unersättlichkeit äußerte und im Zorn des Außer-Sich-Geratens. Er ist der »verwünschte Kobold«, von dem das Märchen spricht, und der *Zauberstab* im eigenen Ranzen.

Der Ranzen, wie das Märchen den Knüppelsack auch nennt, ist uns als das »Päckchen«, das jede/r zu tragen habe, ein Begriff. In diesem Päckchen ist der eigene Zauberstab enthalten. Doch solange man ihn nicht kennt und nicht einmal weiß, daß es eine persönliche Ellenlänge auf der Welt gibt, sind Protest und Unersättlichkeit unvermeidliche Reaktionen. Der existentielle Hunger, die Suche nach Befriedigung und Bestätigung ist so lange das einzige Mittel, für sich Unterschiede in der Welt auszumachen. Die Unersättlichkeit oder auch die Verweigerung den Dingen des Lebens gegenüber sind für eine lange Zeit so etwas wie die Wegbereiter oder Vorläufer für den Schatz, in dem die persönliche Eigenart, das persönliche Selbstverständnis aufgehoben sind. Diese Wegführer müssen aufgegeben werden, damit die wirkliche Zauberkraft der Person zum Vorschein kommen kann. In der Gestalt des Wirts wird sowohl die Vaterfigur mitverprügelt wie auch der (mißgünstige, unzufriedene) *Sinn* der Söhne, ihr bisheriges Selbstverständnis, das ihre Herberge und ihr Zwischenaufenthalt war.

Der Zauber in den Dingen

In der Zauberkraft des Tisches, des Esels und des Knüppels kommt die *Kraft der Erde* zur Geltung, mit der die Söhne umzugehen, zu »reden« lernen. Die Kräfte der Erde sind größer als das, was eine Person aus sich heraus bewerkstelligen kann. Die anfängliche Unzufriedenheit und Unersättlichkeit ist eben darum das entscheidende Kapital und der Weg aus der Not, weil diese den Anspruch auch Teilhabe an diesen »größeren« Wirklichkeiten aufrechterhalten. Andererseits nützen und bereichern diese Energien der Erde nur, wenn ein jeder und eine jede diese persönlich zu benennen und anzuwenden versteht.

Als *Elle*, die zu Beginn der Geschichte nur der Vater besitzt, bedeutet der Knüppel aus dem Sack einen persönlichen Maßstab, den die Söhne sich erworben haben. Viele Enttäuschungen und viele erfolglose Versuche gehen voraus, bis der eigene Maßstab einsatzbereit ist. Der Stier lernt allein über seine praktische Erfahrung. Dies ist der wirkungsvollste, aber auch der langwierigste Weg. Für den Stier ist es eine Hilfe, wenn er weiß, daß er auf dem Weg zu eigenen fundierten Grundsätzen sich befindet. Das Ziel hilft über einige Rückschläge hinweg. Er darf sich nicht schnell entmutigen lassen, wenn es um individuelle Lösungen geht. Ein eigener Maßstab braucht viele Erfahrungswerte und überprüfte Urteile, welche erst einmal gesammelt werden müssen.

Als *Phallussymbol* ist der »Knüppel aus dem Sack« hier ein Zeichen für unmittelbare Selbstbehauptung und ganzen Einsatz aller persönlichen Kräfte »aus dem Bauch heraus«. Die Geschlechtlichkeit kommt nicht allein in der unmittelbar-sexuellen Betätigung zum Ausdruck. »Genitale Sexualität« bedeutet die Fähigkeit, alle Kräfte und die ganze persönliche Existenz zu wecken und auf einen Punkt konzentriert zum Einsatz zu bringen. Natürlich auch im sexuellen Akt. Aber, der Möglichkeit nach, ebenfalls in jeder anderen Handlung. Kampfentschlossenheit und Einsatzbereitschaft – da, wo es ums Eingemachte geht – sind ohne Mobilisierung der Sexualkräfte nicht möglich. In diesem Sinne gilt für den Knüppel aus dem Sack auch als Phallussymbol die Bemerkung des Märchens, daß die Arbeit daran eine langjährige Kunst sei.

Als *Zauberstab* schließlich bedeutet der Knüppel die Fähigkeit, Bedeutungen zu unterscheiden, zu vereinigen und zu verwandeln. Der Zauberstab ist ein Symbol für die Doppelbedeutung, die in allen Dingen und Ereignissen steckt. Das gleiche Tischchen kann Sättigung oder Leere bedeuten; der gleiche Esel ist Gold wert oder auch nicht; das Unscheinbare (des grauen Esels) kann auch das Un-Scheinbare (das Unverschleierte, das Wesentliche) bedeuten usw. Der Zauberstab verkörpert als Stab mit seinen beiden Polen diese und andere Doppeldeutungen. Die »Magie« liegt insofern nicht im Zauberstab, sondern in der Kraft der Erde oder der Materie, die *in sich* widersprüchlich und voller Bewegung ist. Der Zauberstab symbolisiert die Fähigkeit, mit diesen Widersprüchen umzugehen. Scheinbare Eindeutigkeiten müssen nach verschiedenen Richtungen hin unterschieden werden; verschiedene Pole auf einen Nenner gebracht oder das eine Ende ins andere »übersetzt« werden. Zugleich ist der Zauberstab damit auch ein Symbol für den Menschen, der es gelernt hat, Bedeutungen wahrzunehmen und den Zauberstab zu gebrauchen. Denn das Wissen um die Bedeutung der eigenen Person ist Ergebnis und Voraussetzung der Unterscheidung des Zaubers, der sich *in* den Dingen und Ereignisen abspielt.

Die drei Söhne lernen, die Dinge zu unterscheiden und ihre eigenen Bedeutungen festzustellen. Dieselbe Urkraft der Erde, die sich in der unnachgiebigen Ziege und in dem fürchterlichen Zorn entlud, wird handhabbar, begreifbar und gehorcht aufs Wort. Eine elementare Kraft ist notwendig, um die Erde in eine gastliche Welt zu verwandeln, in der genug für alle und eine befriedigende Sättigung erreicht wird. Ohne die Ziege hätte vielleicht keiner der Söhne bis jetzt einen Schritt in die weite Welt getan. So gesehen, müßten sie der Ziege auch ein wenig dankbar sein, oder?

Auf der Suche nach dem Eingemachten

Symbolkunde für individuelle »Stiere«

Die Symbolsprachen, die in diesem Buch vorgestellt werden, erleben derzeit wichtige Wandlungsprozesse. In den 1980er Jahren hat sich das Interesse an Traumdeutung, Astrologie, Tarot und Märchen sprunghaft gesteigert. Dadurch sind massenhaft neue Erfahrungen gemacht worden, die nun in den 1990er Jahren zurückwirken und diese Disziplinen umwandeln. Die wichtigste Veränderung hängt wohl mit der Erfahrung zusammen, daß gerade in der Begegnung mit dem Unbewußten und den Kräften des Verborgenen auf die Verstandeskräfte und auf ein bewußtes »Ich-Selbst« nicht verzichtet werden kann. Denn ohne ein selbständiges Individuum im Mittelpunkt (oder dem Spiegel der Symbole gegenüber) geht es nicht. Insgesamt zeichnen sich viele interessante, neue Lösungen ab.

Es ist nicht eindeutig, was »Venus« und »Mond« bedeuten. Venus ist Liebe, Schönheit, Harmonie, aber auch das, was wir als Helfersyndrom, als mißgünstigen Wirt oder als hartherzige Mutter (bei »Hänsel und Gretel«) kennenlernen. Der Mond ist Inbegriff der Romantik, aber auch der ungastlichen Leere. In der Charakterisierung des Stier-Typus beißen sich etwa sein Herdentrieb (also Kollektivgeist und Mitarbeit in größeren Verbänden) mit unbeugsamem Eigenwillen (also Individualität/Einzelschicksal). Der Herdentrieb kann auch dem Grundbedürfnis des Stieres, Wurzeln zu schlagen, entgegen stehen. Die Sehnsucht nach Wachstum gerät an einem bestimmten Punkt im Gegensatz zum Interesse an Selbstbewahrung und Selbstgenügsamkeit. Wie vertragen sich im weiteren die Kräfte *im* Stier, wenn er für sich selbst Mutter und Kind sowie Lehrer und Schüler sein will oder sein muß?

Diese und viele andere Widersprüche, Gegensätzlichkeiten und offene Fragen zeichnen das Bild des Stieres. Als vor zehn, zwanzig Jahren das neue Interesse an Astrologie, Tarot usw. begann, bestand bei vielen die Erwartung, man werde durch diese Symbolsprachen gerade aus jenen leidigen Erwägungen und den Widersprüchen des Denkens herausfinden. Die Symbolsprachen wurden als Alternative zur »Kopfarbeit« gepriesen. Man glaubte, wenn man etwa in eine Tarot-Karte hineinschaue, dann sei intuitiv klar, was dort zu sehen sei. Doch das war nur der erste Eindruck.

Neue Bedeutungen

Jede Tarot-Karte eröffnet ein Spektrum von Bedeutungen. Für jede Symbolsprache gilt in etwa der Zustand, den Sie vielleicht von der Traumdeutung her kennen: Für viele Traumsymbole existiert eine längere Bedeutungsgeschichte. Es gibt Schulen, Methoden, Nachschlagewerke, die dieses Wissen bereithalten, und wir würden auf den inneren Reichtum der Symbole verzichten, wollten wir diese Bedeutungsgeschichte nicht zur Kenntnis nehmen. Zugleich ist jedes Traumsymbol aber auch ein einmaliges Erlebnis im gegebenen Moment und eine durchaus persönliche Angelegenheit. Ein Baum im Traum beispielsweise besitzt viele traditionelle Deutungsmöglichkeiten (etwa als Symbol des Menschen in der Verbindung von Himmel und Erde). Er kann ein konkretes Sinnbild für Ihr Selbstbild sein (sowie der Baum aussieht – stark/schwach, grün/dörr, im Wald/allein usw., so sehen Sie sich ggf. selbst). Er kann aktuelle kollektive Bedeutungen im Traum vertreten (etwa Waldsterben), aber auch die Assoziation eines Baumes, der nur Ihnen etwas zu sagen hat, vielleicht der Baum vom letzten Urlaubsort, vielleicht der Baum, unter dem sie sich verliebt haben. An welche Bedeutung aber soll man sich halten?

Löst sich jede klare Bedeutung auf? Ist damit innerhalb der Symboldeutung eine Beliebigkeit gegeben, aus der man sich nur das Passende auszuwählen braucht? Nein, es gibt für jedes Symbol eine bestimmte Spannbreite möglicher Deutungen. Wir befinden uns mitten in einem Wandel, in dem alte Deutungsrezepte verlorengehen und eine neuartige Eindeutigkeit im Entstehen begriffen ist. Die Willkür einer Deutung aber ist um so größer, je weniger Aspekte eines Symbols erkannt werden. Der Zuwachs an sinnvollen Deutungs*alternativen* schafft Voraussetzungen für eine *zuverlässige* Deutung.

Abschied vom alten Symbolverständnis

Manche stellen jetzt, nach Jahren astrologischer Symbolarbeit z. B. fest, daß sie ihre Probleme in eine andere Sprache übersetzt, nicht aber gelöst haben. Wenn sie dann Konsequenzen ziehen, *hat* jedoch die Symbolkunde ihren Zweck erfüllt.

Jedes Symbol ist einer Brücke vergleichbar. Es schafft

Verbindung, aber hält auch Distanz. Beide Aspekte sind zwingende Voraussetzungen, um insbesondere mit solchen Fragen der persönlichen Orientierung klar zu kommen, in denen es um das »Eingemachte« geht. Da sind einige Jahre Reifezeit nicht einmal viel. Die Astrologie ist ein wichtiges Hilfsmittel auch für die nötige Distanziertheit, um Charaktere sowie Verhaltensweisen zu verstehen und um in der Zeit zu leben. Es gibt in diesen Punkten nichts Vergleichbares neben der Astrologie.

Die Symbolsprachen werden weiterhin an Gewicht gewinnen, weil die Bedeutung von Ahnung und Intuition im Alltagsleben noch wächst. Die heutige Entwicklung zeigt deutliche Parallelen zur Situation Ende der sechziger/Anfang der siebziger Jahre. Damals war es die Psychologie, heute sind es Teile der sogenannten Grenzwissenschaften. In beiden Fällen: Starke Publikumsnachfrage, kontroverse Beurteilungen; in beiden Fällen: Wissensgebiete, die zuvor Thema nur für wenige Eingeweihte waren, werden Gegenstand der öffentlichen Diskussion, Bestandteil des öffentlichen Lebens (und die betroffenen Wissenszweige selbst verändern sich dadurch).

Es scheint sich insoweit nicht um eine beliebige oder beliebig umkehrbare Entwicklung zu handeln, sondern vielmehr um einen Trend der Verallgemeinerung des Wissens, die auch vormals »verborgene« menschliche Wesensbereiche erfaßt. Demgegenüber kommt es nicht auf eine pauschale Zustimmung oder Ablehnung an, sondern auf die inhaltliche Auswertung und Überprüfung der neuen Erkenntnisse im einzelnen.

Auf dem Weg in eine neue Eindeutigkeit

Daß nun auch innerhalb der Symboldeutung inhaltliche Auseinandersetzungen notwendig werden, min-
dert nicht, sondern steigert deren Wert. Es ist nicht so,
daß die Traumdeutung oder das Tarot-Kartenlegen die
Deutungsprobleme erfunden hätten. Und es stimmt
auch nicht, daß die Deutungs*arbeit*, die jetzt tatsächlich
vermehrt zu leisten ist, die Symbolsprachen für das Alltagsleben uninteressanter machen würde. Umgekehrt:
*Weil im Alltag die Deutungsaufgaben und die Orientie-
rungsfragen zunehmen, deshalb existiert und entsteht
erst das neue Interesse an der Symbolkunde.*

Die neue Eindeutigkeit ist eine wachsende und erken-
nende, persönliche Eindeutigkeit des Individuums. Sie
ist den Dingen nicht unveränderlich und für alle Menschen gleich eingeschrieben, sondern entsteht erst,
wenn eine Person zu sich selber findet. Aber diese neue
Eindeutigkeit liegt auch nicht allein im Bereich der Fantasie und der Vorstellungskraft, sondern sie bestätigt
sich oder bestätigt sich nicht – sie ist überprüfbar an
ihrer Tauglichkeit in den Dingen des Alltagslebens.

Die neue Eindeutigkeit macht Arbeit, denn sie muß
sich täglich und *im Augenblick* neu bewähren. Aber sie
macht auch Spaß, sie bringt auch Spannung und Aben-
teuer in den Alltag – wie ein Krimi oder ein Rätsel, in
dem man plötzlich selbst erscheint.

Für den Stier in uns allen ergeben sich drei wesentliche
Arbeitsbereiche für die Entdeckung und Erprobung eigener Orientierungen und der persönlichen Eindeutigkeit.

Abbildungen: Karte III – Die Herrscherin/Die Kaiserin
Rider-, Crowley- und Marseiller Tarot (v. l. n. r.)

Der Venus ein Haus bauen.
Der Venus wirkliche Bedeutung verleihen. Sinne und
Sinn kultivieren, sie unterscheiden und zusammen ver-
wirklichen.

Abbildungen: Karte II – Die Hohepriesterin / Die Päpstin
Rider-, Crowley- und Marseiller Tarot (v. l. n. r.)

Bedeutungen unterscheiden.
»Die Hohepriesterin« ist dem Mond zugeordnet, der im Stier besonders wirksam ist. Die Hohepriesterin stellt die Kraft der inneren Stimme dar. Sie schafft einen eigenen Raum für das persönliche Gefühlsleben und beurteilt Stimmungen und Eindrücke nach Sinn und Bedeutung.

Der HIEROPHANT

Der Hohepriester

LE·PAPE

Abbildungen: Karte V – Der Hierophant / Der
Hohepriester / Der Papst
Rider-, Crowley- und Marseiller Tarot (v. l. n. r.)

Eigene Sitten und Gebräuche entwickeln.
Andere Menschen in die eigenen Auffassungen, Erwartungen und Bedürfnisse einweihen. Bewußt für die kleinen und die großen Geheimnisse (einschließlich Geburt, Hoch-Zeit, Tod) praktische Umgangs- und Ausdrucksformen für Freude und Trauer vorbereiten und leben.

Noch einmal: Fels in der Brandung

Mit diesen drei praktischen Aufgabenbereichen des Stiers kehren wir noch einmal zum Begriff des »Eingemachten« zurück. Der Stier neigt dazu, in seinem Verhalten zwischen den Polen der Anspruchslosigkeit und der Unersättlichkeit zu pendeln. Weil er als Stier danach lebt, was er *hat*, werden weitergehende Ansprüche auf das, was man nicht besitzt, schnell zum Tabu; sie sind einfach »kein Thema«. Doch im Verborgenen oder Verdrängten stauen sich uneingestandene Ansprüche (an sich selbst, an den Partner, an den Lebensweg), und diese müssen entweder mit wachsendem Aufwand vergessen bzw. niedergehalten werden, oder sie entladen sich in Strömen der Unersättlichkeit.

»Herrscherin« und »Hohepriester«, die großen Tarot-Karten des Stiers, haben beide mit diesen Schwächen des Stiers zu kämpfen. Anspruchslosigkeit und Unersättlichkeit, was die Gültigkeit des eigenen Standpunktes angeht (»Hohepriester«) oder in bezug auf den Wert der eigenen Natur (»Herrscherin«), können dem Stier ein überzogenes oder ein zu geringes Selbstwertgefühl verleihen. – Im Märchen vom »Tischchen deck dich...« begegnen wir ebenfalls dem Doppelspiel von Unersättlichkeit (Ziege und Wirt) und ahnungsloser Anspruchslosigkeit (Vater und Söhne). Das Märchen zeigt weiter, wie unwirtlich, kahl und betrügerisch die Welt für die Anspruchslosigkeit aussehen kann, aber auch welche sinn(en)lose Leere die Unersättlichkeit immer wieder neu erzeugt. – Träume und Traumdeutung sind nicht zuletzt aus diesen Gründen für die Stiere ein heikles Thema. Die unersättliche Seite im Stier bringt ein Lebensgefühl der Leere mit sich, was sich u. a. in einer weitgehenden Traumlosigkeit äußert. Die anspruchslose Seite im Stier bewirkt eine uninspirierte oder eine unterwürfige Lebenseinstellung, die sich im Traum in verschiedenen unerquicklichen oder bedrohlichen Traumereignissen widerspiegeln kann.

Das »Eingemachte« beinhaltet die Kraft der Erde, die wir in den Begriffen der Astrologie als Erdenergie oder als Kraft des Elements Erde bezeichnen. Eine selbstverständliche, wort- und fraglose Verwurzelung in den Kräften der Erde ist das Kennzeichen des Stieres – als desjenigen Zeichens, das besonders früh und besonders gründlich mit dem Element Erde vertraut wird. Weil er in der Kraft der Erde ruht (und sie in ihm), gleicht der Stier dem *Fels in der Brandung*. Deshalb ist er stark wie ein Bär und produktiv wie ein fruchtbarer Obstgarten. Die Stärken des Stiers – u. a. planen, organisieren, haushalten und wirtschaften – basieren allesamt auf seinem Talent, mit den Kräften der Erde, die er in sich *hat*, pfleglich, sorgsam und gewinnbringend umzugehen.

Aus derselben Quelle wie seine Stärke, aus der selbstverständlichen Verankerung auf und in der Erde speisen sich aber auch die größten Schwächen des Stieres, solange er noch (und wieder) auf dem Weg zu sich selber ist. Die Kräfte der Erde sind größer als das, was der / die Einzelne jeweils vermag. Die Anspruchslosigkeit und die Unersättlichkeit wissen um diesen größeren Zusammenhang. Und während die Unersättlichkeit daraus den fortgesetzten Wunsch nach »Mehr« ableitet, so verzichtet die Anspruchslosigkeit bereitwillig auf größere Ziele mit dem Hinweis, »alles« könne kein Mensch erreichen (weil es *immer* etwas noch Größeres gebe). Bis der Stier zu sich selber findet, sind diese Auffassungen Inhalt des »Eingemachten«. Wie ein *Fels in der Brandung* bestehen für den Stier solange *einge-fleischte Lebensgewohnheiten*, die Ausdruck des Wechselspiels von zu großen und zu kleinen Anspruchshaltungen sind. Die Unerklärlichkeiten, von denen eingangs die Rede war und die dem Stier sein Dasein oftmals befremdlich erscheinen lassen, sind Ausdruck der Begegnung mit jenen »größeren« und umfassenden Kräften der Erde. Die Eßsucht ist dabei eine von vielen Ausdrucksweisen der Unersättlichkeit, und die Sucht, *nicht* zu essen, eine der Formen der Anspruchslosigkeit.

Solche unwiderstehlichen Angewohnheiten beinhalten aber auch jedesmal Hinweise auf das, was dahintersteht, auf das geheime Ziel der Suche. Die Eßsucht zeigt das Bedürfnis, einmal wirklich »satt« zu werden. Wie etwa beim »Tischchen deck dich...« möchte man diese Erde als gastlich, bereichernd und bestärkend erleben. Unersättlichkeit ist auch eine Form der Verteidigung uneingelöster sinnvoller Ansprüche, eine Art des Lebenshungers und der Sehnsucht nach persönlicher Teilhabe an dem, was auf der Erde geschieht. – In der Sucht, nicht zu essen, offenbart sich u. a. das Bewußtsein, bereits »satt« zu sein und an sich selbst genug zu haben. Anspruchslosigkeit ist auch eine Form der Abwehr bestehender sinnloser Ansprüche, eine Art der Selbstverteidigung und der Sehnsucht nach sich selbst. Wenn man dann etwa im Schlaf aufsteht, um den Kleiderschrank leerzuräumen (so ein weiteres Beispiel aus dem ersten Kapitel, s. S. 22), zeigt sich der unbewußte Wunsch, den bisherigen Zuschnitt der Persönlichkeit loszuwerden und Platz zu schaffen für neue »Kleider«, d. h. für einen gewandelten Selbstausdruck, für ein neues Verhältnis zur Mitwelt.

Der Entwicklungsweg des Stieres führt zu einer *erweiterten Normalität*, genauso wie es andere Tierkreiszeichen zu einer erweiterten Identität, zu einer weitergefaßten Individualität oder zu einem umfassenderen Glauben zieht. Wenn Anspruchslosigkeit und Unersättlichkeit – diese alten Formen des Eingemachten – zur Treue mit sich selbst und zur bedeutungsvollen Anteilnahme am Geschehen in der Welt verhelfen, dann bestimmt sich das persönliche Verhältnis zur Welt neu. Der Stier erwirbt sich neue Lebensgewohnheiten, die langsam ebenso in Fleisch und Blut übergehen, wie einst die befremdlichen und unerklärlichen Verhaltensweisen, die ihn in Vorzeiten prägten. Auch dieses bedeutet u. a. der Knüppel aus dem Sack im Märchen: Damit werden neue Realitäten »eingebläut«. Der »Knüppel« symbolisiert Selbstbehauptung, einen eigenen Maßstab, verwirklichte Sexual- und Lebenskraft sowie den Zauber der persönlichen Bedeutung, und dies alles muß sich für den Stier *körperlich* einprägen, bis es Gültigkeit für sein Leben besitzt. Wie oft fällt ein Kind, bis es Laufen oder Radfahren kann? Von Eiskunstläufer(inne)n z. B. heißt es, sie müßten rund zehntausendmal stürzen, bis sie einen schwierigen Sprung beherrschen. Ähnlich geht es dem Stier, wenn er seine unverwechselbare Eigenart auf gesellschaftlichem Parkett zum Besten geben will.

Kein Wunder, daß Jammern und Wut lange Zeit den Weg eines Stieres begleiten können. Wenn er die ersten fünftausend Stürze hinter sich und die nächsten fünftausend noch vor sich sieht, besonders dann meint der Stier-Typus – nicht nur zu Unrecht –, er habe es von allen am schwersten. Der Erfahrungsweg des Stiers ist tatsächlich langwierig und im beschriebenen Sinne »einprägsam«. Aber eben deshalb ist er auch so wirksam. Der Stier erzielt auf seinem Wege eine gewandelte Normalität. Wenn er etwas verändert, schafft der Stier etwas *Ganzes* neu. Er verändert einen ganzen Lebenszusammenhang. Andere Zeichen erwerben schneller ein neues Wissen, ändern ihre Gefühle oder ihre Anschauungen rascher als der Stier. Jedoch in der ganzheitlichen Verwandlung oder Erweiterung einer Existenzweise, eines Sachverhaltes usw. ist der Stier unübertroffen.

Das Eingemachte ist die besondere Herausforderung, aber auch das wirkliche Talent des Stieres. Veränderungen, neue Einsichten und gewandelte Verhältnisse beherzigt der Stier durch die Umgestaltung der materiellen Gegebenheiten. Neue Ideen oder Einstellungen werden haltbar und dauerhaft, wenn sie sich in praktischen Ergebnissen veräußern. Dafür aber sorgt der Stier. Das Eingemachte bedeutet schließlich auch das Haltbare, das Sichere und das Dauerhafte. Das Eingemachte ist das, was sich verkörpert, was bestehenbleibt und fortwirkt. Wie ein Bauwerk, das weiterbesteht und das von den Persönlichkeiten des Baumeisters und der Bauleute kündet, auch wenn diese längst das Zeitliche gesegnet haben.

Anmerkungen

S. 33 ff.: Vgl. Phoenix und Bärbel Messmer: Venus ist noch fern. Unsere Suche nach einer weiblichen Astrologie. 4. Aufl. München 1981.
Barbara Sichtermann: Weiblichkeit. Zur Politik des Privaten. Berlin 1983

S. 53: Die vorliegende Zuordnung der Tarot-Karten zu Tierkreiszeichen und Planeten geht auf den Golden-Dawn-Orden (Orden der Goldenen Dämmerung) zurück. Dieser war eine Rosenkreuzer-Vereinigung in England. 1888 gegründet, zerfiel er bald nach 1900 wieder. Seine Bedeutung besteht v.a. darin, daß der Orden ein Erbe der reichhaltigen esoterischen Theoriebildungen des 19. Jahrhunderts war, die er seinerseits zusammenzufassen suchte. Die Tarot-Karten spielten dabei eine Rolle unter vielem anderen. Die heute gängigsten Tarot-Karten (Rider Waite Tarot und Crowley Thoth Tarot, ohne welche die Tarot-Welle der letzten 10 bis 20 Jahre nicht vorstellbar ist) gehen auf Urheber/innen zurück, die zuvor einmal Mitglied im Golden-Dawn-Orden gewesen sind: Pamela Colman Smith und Arthur E. Waite sowie Lady Frieda Harris und Aleister Crowley.

Bei der Konzeption ihrer Karten folgten beide Produzentenpaare – mit geringen Unterschieden – in der Zuordnung zur Astrologie dem Golden-Dawn-Muster, das auch in diesem Buch wiedergegeben ist. Deshalb finden sich die hier genannten Zuordnungen im Rider-Tarot oftmals im Kartenbild wieder (z.B. Widder-Zeichen auf der Karte »IV-Der Herrscher« und Stier-Köpfe im Bild des »Münz-König«), und auf den Crowley-Karten sind diese selben Zuordnungen fast sämtlich als Zeichen angegeben.

Literatur dazu: Robert Wang: Der Tarot des Golden Dawn. Sauerlach 1985. – Israel Regardie: Das magische System des Golden Dawn. 3 Bde. Freiburg 1987. – Evelin Bürger & Johannes Fiebig: Tarot – Spiegel Deiner Möglichkeiten. 6. Aufl. Trier 1989, S. 111.

Neben der vorliegenden gibt es mehr als ein halbes Dutzend weitere Arten der Zuordnung, die in der Literatur vorgeschlagen werden. Diese sind jedoch nicht empfehlenswert, meist schon aus formalen Gründen, weil jeweils nur einem Teil der insgesamt 78 Tarot-Karten astrologische Werte beigegeben werden. Inhaltliche Probleme entstehen daraus, daß die Tarot-Karten hauptsächlich zur Erläuterung von astrologischen oder sonstigen archetypischen Prinzipien benutzt werden und somit ihr Eigenleben verlieren. Das gilt auch für das Buch zu den im übrigen schönen Tarot-Karten von Mertz/Struck: B. A. Mertz und Paul Struck: Astrologie und Tarot. Interlaken 1981. – Eine Übersicht über verschiedene Zuordnungsweisen finden Sie in: Stuart R. Kaplan, The Encyclopedia of Tarot. Bd. 1. New York 1978, S. 4 f.

S. 60 ff.: Die astrologischen Zuordnungen zu den sechs Tarot-Karten für den Stier lauten im einzelnen: V-Der Hohepriester – *Venus in Stier*. III-Die Herrscherin – *Venus*. Münz-König – *Stier*. Münz 5 (5 Scheiben) – *Merkur in Stier*. Münz 6 (6 Scheiben) – *Mond in Stier*. Münz 7 (7 Scheiben) – *Saturn in Stier*. Die astrologischen Konstellationen aller 78 Tarot-Karten sind angegeben in: Evelin Bürger & Johannes Fiebig, a. a. O., S. 24–109.

S. 79: Die Überschrift lehnt sich u. a. an folgenden Titel an – Klaus Modick: Privatvorstellung. Liebesgeschichten. Hamburg 1989

S. 92:   Abbildungen aus Billie Potts: Ein neues Tarot der
           Frauen. München 1982, S. 66 f. Mit freundlicher Ge-
           nehmigung des Verlags Frauenoffensive. –
           In der astrologischen Literatur gibt es im einzelnen
           einige Varianten der Zuordnung vom Tierkreiszei-
           chen und Körper.

S. 93:   Wolfgang Döbereiner: Stier. München. 11. Aufl.
           München 1986, S. 91.
           Sigmund Freud: »Selbstdarstellung«. Frankfurt
           a. M. 1971, S. 67 f.

S. 106:   **Auch »Peterchens Mondfahrt« läßt sich u. a. als**
           typische Stier-Geschichte lesen. Der *Mond* ist der
           im Stier erhöhte, d. h. besonders mächtige Bezugs-
           punkt. Der *Maikäfer* Sumsemann stellt nicht nur
           durch den »Mai« eine Verbindung zum astrologi-
           schen Stier her, sondern auch durch die Aufgabe, die
           Tradition seiner Sippe zu beerben und zu erlösen.
           Die Eigenschaft des Maikäfers, sich bei bestimmten
           Schwierigkeiten totzustellen, ist ebenfalls bezeich-
           nend für den Stier. Das fehlende *Beinchen*, das in die-
           ser Geschichte gesucht wird, entspricht u. a. dem zu
           erarbeitenden »Knüppel aus dem Sack« im hier be-
           sprochenen Märchen vom »Tischchen deck dich«,
           vgl. S. 124 ff.

Literaturhinweise

Astrologie

Döbereiner, Wolfgang: Astrologisches Lehr- und Übungs-buch: Münchner Rhythmenlehre. 6 Bände. München 1984 ff.

Greene, Liz: Schicksal und Astrologie. Die Familie im Spiegel des Horoskops. München 1985

Haage, Bernhard D. (Hrsg.): Sternzeichen aus einem alten Schicksalsbuch – Stier. Mit einer Einleitung von Christiane von Wiese. Frankfurt a. M. 1982

Huber, Louise: Die Tierkreiszeichen. Reflexionen, Medita-tionen. 2. Aufl. Zürich 1983

Karrer, Iso: Tierkreis und Jahreslauf. Astrologie in Mythos und Volksbrauch. Basel 1985

Meyer, Hermann: Astrologie und Psychologie. Eine neue Synthese. München 1981, Reinbek 1986

Riemann, Fritz: Lebenshilfe Astrologie. Gedanken und Er-fahrungen. München 1977

Sakoian, Frances, und Louis S. Acker: Das große Lehrbuch der Astrologie. München 1984

Sterneder, Hans: Tierkreisgeheimnis und Menschenleben. 2. Aufl. Freiburg 1985

Sun Bear und Wabun: Das Medizinrad. Eine Astrologie der Erde. 6. Aufl. München 1984

Weiss, Jean-Claude: Astrologie – Eine Wissenschaft von Raum und Zeit. Wettswil 1987

Anonymus d'Outre-Tombe: Die großen Arkana des Tarot. Ausgabe A in 4 Bd., Freiburg 1983. – Eine Auswahl aus dem Gesamtwerk bietet das Taschenbuch: (ders.:) Schlüssel zum Geheimnis der Welt. Meditationsübungen zum Tarot. Hrsg. v. Gertrude Sartory. Freiburg 1987

Bürger, Evelin, und Johannes Fiebig: Tarot – Spiegel Deiner Möglichkeiten. 6. Aufl. Trier 1989

Crowley, Aleister: Das Buch Thoth (Ägyptischer Tarot) Waakirchen 1981

Deutsches Spielkarten-Museum: Tarot – Tarock – Tarocchi. Tarocke mit italienischen Farben. Bearbeitet von Detlef Hoffmann und Margot Dietrich. Leinfelden-Echterdingen 1988

– dass.: Tarot – Art. Zeitgenössische Künstler gestalten das alte Tarock. Bearbeitet von Detlef Hoffmann und Margot Dietrich. Leinfelden-Echterdingen 1989 (Beide Ausstellungskataloge sind erhältlich beim Deutschen Spielkarten-Museum, Schönbuchstraße 32, D-7022 Leinfelden-Echterdingen)

Fiebig, Johannes: Tarot – Andere Wege im Alltag. 2. Aufl. Bonn 1988

Leuenberger, Hans-Dieter: Schule des Tarot – Band 3. Das Spiel des Lebens. Freiburg 1984

Pollack, Rachel: Tarot. 78 Stufen der Weisheit. München 1985

Waite, Arthur E.: Der Bilderschlüssel zum Tarot. Waakirchen 1978

Ziegler, Gerd (Bodhigyan): Tarot. Spiegel der Seele. Sauerlach 1984

Traumdeutung

Adler, Alfred: Lebenskenntnis. Frankfurt a. M. 1978

Aeppli, Ernst: Der Traum und seine Deutung. München 1984

Doucet, Friedrich W.: Traum und Traumdeutung. München 1973

Freud, Sigmund: »Selbstdarstellung«. Frankfurt a. M. 1971

Hark, Helmut, Verena Kast, Ingrid Riedel (Hrsg.): *Reihe* Träume als Wegweiser (Traumbild Baum, Traumbild Fuchs usw.) Olten und Freiburg 1986 ff.

Harnisch, Günter: Das große Traum-Lexikon. Freiburg 1989

Jacobi, Jolande: Die Psychologie von C. G. Jung. Eine Einführung in das Gesamtwerk, mit einem Geleitwort von C. G. Jung. Frankfurt a. M. 1978

Mann, Thomas: Freud und die Zukunft; in: Sigmund Freud: Abriß der Psychoanalyse. Das Unbehagen in der Kultur. Frankfurt a. M. 1970

Vollmar, Klausbernd: Dream Power. Ein Handbuch für Träumer. Berlin 1988

Märchen / Märchendeutung

Drewermann, Eugen, und Ingrit Neuhaus: *Reihe* Grimms Märchen tiefenpsychologisch gedeutet. Olten und Freiburg 1982 ff.

Fiebig, Johannes: Märchen heute – was sie uns bedeuten. Planungsmaterial für den Deutschunterricht (in der Reihe: Deutsch – betrifft uns, hrsg. v. Guido Ossemann). Aachen 1985

Grimm, Brüder Jacob und Wilhelm: Kinder- und Hausmärchen. Urfassung 1812/1814. Mit einem Nachwort von Peter Dettmering. Lindau o. J.

dies.: Kinder- und Hausmärchen: Jubiläumsausgabe zum

200. Geburtstag 1985/6: Ausgabe letzter Hand mit den Originalanmerkungen der Brüder Grimm, hrsg. v. Heinz Rölleke. Stuttgart 1984

Heidebrecht, Brigitte (Hrsg.): Dornröschen nimmt die Heckenschere. Märchenhaftes von 30 Autorinnen. Bonn 1985

Hetmann, Frederik: Traumgesicht und Zauberspur. Märchenforschung – Märchenkunde – Märchendiskussion. Frankfurt a. M. 1982

Konrad, Johann Friedrich: Hexen-Memoiren. Märchen entwirrt und neu erzählt. Frankfurt a. M. 1981

Seifert, Theodor (Hrsg.): *Reihe* Weisheit im Märchen. Zürich 1984 ff

Wittmann, Ulla: Ich Narr vergaß die Zauberdinge. Märchen als Lebenshilfe für Erwachsene. Interlaken 1985

Verschiedenes zur Symbolkunde

Bächtold-Stäubli, Hanns, und Eduard Hoffmann-Krayer (Hrsg.): Handwörterbuch des deutschen Aberglaubens. 10 Bände. Berlin 1927–42

Csikszentmihalyi, Mihaly, und Eugene Rochberg-Halton: Der Sinn der Dinge. Das Selbst und die Symbole des Wohnbereichs. München 1989

Diederichs, Ulf (Hrsg.): Erfahrungen mit dem I-Ging. Vom kreativen Umgang mit dem Buch der Wandlungen. Köln 1984

Feldenkrais, Moshé: Die Entdeckung des Selbstverständlichen, Frankfurt a. M. 1985

Fromm, Erich: Märchen, Mythen, Träume. Eine Einführung in das Verständnis einer vergessenen Sprache. Reinbek 1981

Göttner-Abendroth, Heide: Die Göttin und ihr Heros. Die matriarchalen Religionen in Mythos, Märchen und Dichtung. München 1980

Herder-Lexikon: Symbole. Freiburg 1978

Kellerer, Christian: Der Sprung ins Leere. Objet trouvé – Surrealismus – Zen. Köln 1982

Lang, Hermann: Die Sprache und das Unbewußte. Jacques Lacans Grundlegung der Psychoanalyse. Frankfurt a. M. 1986

Lissner, Ivar: So habt ihr gelebt. Die großen Kulturen der Menschheit. Olten und Freiburg 1965

Miers, Horst E.: Lexikon des Geheimwissens. München 1986

Mitscherlich, Alexander: Auf dem Weg zur vaterlosen Gesellschaft. Ideen zur Sozialpsychologie. München 1963

von Ranke-Graves, Robert: Griechische Mythologie. Quellen und Deutung. 2 Bde. Reinbek 1982

Rosenberg, Alfons: Einführung in das Symbolverständnis. Freiburg 1959

Ruck-Pauquèt, Gina: Geschichten für das Stier-Kind. Bayreuth 1983

Unger, Wilhelm: »Wofür ist das ein Zeichen?« Auswahl aus veröffentlichten und unveröffentlichten Werken des Kritikers und Autors, mit einem Vorwort von Alfred Neven DuMont, hrsg. v. Meret Meyer, Köln 1984

Vaillant, Bernard: Westliche Einweihungslehren. Druiden, Gral, Templer, Katharer, Rosenkreuzer, Alchemisten, Freimaurer. München 1986.

Wittlich, Bernhard: Symbole und Zeichen. 2. Aufl. Bonn 1982

Ausführliche Inhaltsübersicht

Weitere Veröffentlichungen von Johannes Fiebig

Evelin Bürger & Johannes Fiebig:
Tarot – Spiegel Deiner Möglichkeiten
Bonn 1984, 6. Auflage Trier 1989
Verlag Kleine Schritte. ISBN 3-923261-05-5.
128 Seiten. Zahlr. Abbildungen

Eines der erfolgreichsten deutschsprachigen Tarot-Bücher.
»…ein wichtiges, bedeutsames und interessantes Buch« (Stuart
R. Kaplan, U.S. Games Systems, Herausgeber von Tarot-Karten)

Johannes Fiebig:
Tarot – Andere Wege im Alltag
Bonn 1987; 2. Auflage 1988
Verlag Kleine Schritte. ISBN 3-923261-10-1.
128 Seiten. Zahlr. Abbildungen

»Fiebig, erfahrener Tarot-Anhänger, schlägt ein neues Kapitel im
Tarot-Kartenlegen auf. Während die üblichen Handbücher mehr
dem traditionellen Muster verhaftet sind, baut er auf selbständige Orientierung: Man legt sich selbst die Karten, gibt sich
eigene Spielregeln und geht auf Spurensuche. Somit werden die
Karten zum Spiegel der eigenen Geistesverfassung auf der Sym-
bolebene. Um hierbei nicht den Faden zu verlieren, bedarf es der
Schulung der Assoziationskraft, des Deutungs- und Interpre-
tationsvermögens und des Auswertungstrainings. Dies alles, di-
daktisch sehr einleuchtend (…), bietet Fiebig, so daß man sein
Taschenbuch als Grundlagenwerk für fortgeschrittene Tarot-
Fans (…) empfehlen kann.«
(Uwe-F. Obsen, ekz-Informationsdienst 6/88)

Johannes Fiebig:
Märchen heute – was sie uns bedeuten
Aachen 1985 ff.
Verlag Bergmoser + Höller. ISBN 0178-0417.
40 Seiten Loseblatt DIN A4

In der Reihe »Deutsch – betrifft uns. Planungsmaterial für den
Deutschunterricht«, hrsg. v. Guido Ossemann, Heft 2/85.

Weitere Produktionen von Evelin Bürger

Foto: B. Kassel

**Königsfurt –
Zauberstäbe**

in verschiedenen Farben und Längen, schnell und ruhig
fließend – wunderschön und funkelnd.

Ein beliebter Spiel- und Geschenkartikel!
Freude für Kinder und Erwachsene.

Erhältlich auch in vielen Buchhandlungen.
Fragen Sie in Ihrer ›zauberhaften‹ Buchhandlung nach.

Einladung zur Stellungnahme

Der »Königsfurt Verlag« produziert und vertreibt Bücher und Nicht-Bücher in den Themengebieten »Psychologie – Symbolsprachen – Grenzwissenschaften«.

Evelin Bürger und Johannes Fiebig haben den Verlag im Norden (unweit von Kiel) im Sommer 1989 gegründet. Das Verlagsprogramm wird im Buchbereich Werke von alten und neuen, von bekannten und unbekannten Autorinnen und Autoren vorstellen, die dazu beitragen, im »Sinnjahrzehnt« der 1990er Jahre neue Orientierungen und brauchbare Erklärungen zu finden.

Wenn Sie Interesse am Verlagsprogramm haben, schreiben Sie! Sie werden dann regelmäßig über Neuerscheinungen informiert und nehmen an der Verlosung von Buchpreisen teil.

Schreiben Sie von Ihren Erfahrungen mit dem vorliegenden Buch. Teilen Sie Ihre Kritik und Ihre Anregungen mit. Machen Sie Vorschläge für neue Veröffentlichungen. Ihre Meinung zählt.

Vielen Dank für Ihr Interesse und für Ihr Engagement.

KÖNIGSFURT VERLAG

Königsfurt 6
D-2371 Klein Königsförde
(Post Bredenbek)

Ein Kompendium der Symbolsprachen

Spannung, Unterhaltung und Besinnlichkeit bietet Ihnen die Buchreihe *Symbolsprachen* im neuen Königsfurt Verlag. Zum ersten Mal werden hier Märchen, Traumdeutung, Tarot und Astrologie im Zusammenhang miteinander dargestellt. Im Bereich Tarot finden Sie hier endlich eine *gemeinsame Interpretation* von Rider-, Crowley- und Marseiller Tarot.

Bereits erschienen:
Johannes Fiebig: **Auf der Suche nach dem Eingemachten.**
Der Stier in uns allen. ISBN 3-927808-02-4
Johannes Fiebig: **Schneller als der Schatten.**
Die Zwillinge in uns allen. ISBN 3-927808-03-2
Johannes Fiebig: **Der Glanz des Dunklen.**
Der Steinbock in uns allen. ISBN 3-927808-10-5
Johannes Fiebig: **Der Zauber des Eigenen.**
Der Wassermann in uns allen. ISBN 3-927808-11-3

Es folgen (1990/91):
Johannes Fiebig: **Im Garten der Erfahrung.**
Die Jungfrau in uns allen. ISBN 3-927808-06-7
Johannes Fiebig: **Jenseits der Halbheiten.**
Die Waage in uns allen. ISBN 3-927808-07-5
Der Widder in uns allen. ISBN 3-927808-01-6
Der Löwe in uns allen. ISBN 3-927808-05-9
Der Schütze in uns allen. ISBN 3-927808-09-1
Tierkreiszeichen Krebs in uns allen. ISBN 3-927808-04-0
Der Skorpion in uns allen. ISBN 3-927808-08-3
Die Fische in uns allen. ISBN 3-927808-12-1

Jeder Band 160 Seiten, zahlreiche Abbildungen, DM 14,80.

Entdecken Sie die Bedeutungen
weiterer Tierkreiszeichen für sich.

Der Stier baut auf den *Widder* auf. Die Selbstgewißheit des Widders sollte der Stier studieren, um seine Motivation, seine Antriebe und Zielsetzungen zu vertiefen. Die *Zwillinge* schließen sich im Tierkreis an den Stier an. Ihre Originalität und ihre gedankliche Schärfe sind für den Stier wichtig, wenn er in seinem Verhalten konsequent sein möchte. Der *Krebs* ist ein guter Freund des Stiers, nicht zuletzt deshalb, weil der Mond sie verbindet. Das Tierkreiszeichen Krebs muß der Stier kennen, wenn er seine innere Dynamik und seine innere Stimme verstehen will. Wenn der Stier in ein tiefes Loch fällt, so in eine Löwengrube. Der *Löwe* ist ein Abgrund, aber auch die beste Fundierung für den Stier. Die *Jungfrau* macht das Leben für den Stier zu einer Spielwiese. Aber gegenüber dem unvermeidlichen Eigensinn der Jungfrau muß sich der Stier auch besonders gut behaupten lernen. Eine Art Reifeprüfung stellt für den Stier die *Waage* dar. Die Beschäftigung mit der Waage ist für den Stier unbedingt sinnvoll, wenn er einen eigenen Maßstab sucht.

Der große Unbekannte, sehr fern und doch vertraut, ist für den Stier der *Skorpion*. Allein schon weil er so geheimnisvoll ist, reizt der Skorpion den Stier. Der *Schütze* ist oft der blinde Fleck des Stiers, obwohl doch der Schütze u. a. vom »Sehen« handelt. Eine nähere Bekanntschaft der beiden Zeichen ist sehr lohnend. Der *Steinbock* beinhaltet Wurzel und Gipfel des Elements Erde. Ihn braucht der Stier zur klaren Weltanschauung. Eine enorme Faszination übt der *Wassermann* auf den

Stier aus. Von dessen Brillanz und der oftmals strahlenden Klarheit kann der Stier viel lernen, wenn er den Wassermann zugleich in die Geheimnisse der Lebenspraxis einführt. Die *Fische* last not least sind, wie der Krebs, gute Freundinnen und Freunde des Stiers. Durch sie weiß der Stier, woran er glaubt.

Viel Vergnügen und Gewinn bei der Entdeckung dieser Kräfte, die in Ihnen ruhen, wünscht Ihnen
Ihr KÖNIGSFURT VERLAG

Wenn Sie an Seminaren und Veranstaltungen
in Astrologie, Tarot, Traumdeutung oder Märchen
interessiert sind,
schreiben Sie an den Verlag.